CAMILLE LÉVI

...t-Colonel d'Infanterie breveté, Membre de la Commission historique du Nord

« A la mémoire de mes parents
qui reposent aux pieds de ces ruines. »

Le mbardement de Lichtenberg

(9 AOUT 1870)

LICHTENBERG EN 1870

« Je sçais bien qu'il faut perdre, qu'il faut
gaigner, et il n'y a rien d'imprenable ; mais
désirez cent mille fois plus tost la mort, si tous les
moyens ne vous défaillent, que dire ce méchant et
vilain mot : Je la rends. »   (MONTLUC).

PARIS

Henri CHARLES-LAVAUZELLE

Éditeur militaire

10, Rue Danton, Boulevard Saint-Germain, 118

Le bombardement de Lichtenberg

(9 AOUT 1870)

CAMILLE LÉVI

Lieutenant-Colonel d'Infanterie breveté, Membre de la Commission historique du Nord

« A la mémoire de mes parents
qui reposent aux pieds de ces ruines. »

Le
Bombardement
de Lichtenberg

(9 AOUT 1870)

LICHTENBERG EN 1870

« Je sçais bien qu'il faut perdre, qu'il faut
gaigner, et il n'y a rien d'imprenable ; mais
désirez cent mille fois plus tost la mort, si tous les
moyens ne vous défaillent, que dire ce méchant et
vilain mot : Je la rends. »   (MONTLUC).

PARIS
HENRI CHARLES-LAVAUZELLE
Éditeur militaire
10, Rue Danton, Boulevard Saint-Germain, 118

TABLE DES MATIÈRES

Ire PARTIE

Historique succinct.

IIe PARTIE

Bombardement de 1870.

LE
BOMBARDEMENT DE LICHTENBERG

(9 AOUT 1870)

Ire PARTIE

HISTORIQUE SUCCINCT

CHAPITRE Ier
Siège de 1678

A. Français.

Pendant la campagne sur le Rhin, entre le maréchal de Créqui et le duc de Lorraine, les troupes de la comtesse de Hanau s'étaient jointes aux Impériaux pour piller un convoi français.

Le maréchal de Créqui saisit avec empressement l'occasion de la punir et d'infliger en même temps un avertissement aux princes de l'Empire possessionnés en Alsace.

M. de la Frézelière vint mettre le siège devant le château de Lichtenberg, qui appartenait à la comtesse. Cette comtesse avait ce qu'on appellerait aujourd'hui une mauvaise presse, si j'en juge par le quatrain ci-après qu'on lui appliquait :

> Une Hanau dans un château,
> Un manant sur un destrier,
> Un pou dans une teigne,
> Sont la plus grossière engeance.

Cette « Hanau » venait précisément de faire établir

un inventaire des bouches à feu, munitions et attirails qui se trouvaient en nombre inusité dans son château. Le duc de Lorraine avait écrit à l'Empereur que toute l'infanterie française périrait à ce siège. Lichtenberg passait, en effet, pour imprenable et était d'ailleurs fort bien armé (mieux qu'en 1870).

Les assiégeants, arrivés devant la place le 8 octobre 1678, ne purent s'en rendre maîtres que le 15, après avoir éprouvé des pertes sensibles.

Extrait de l'ouvrage Sautai.

Samedi 8 octobre, M. de la Frézelière manda à M. le maréchal, une heure devant le jour, que les assiégés du château de Lichtenberg avaient mis le feu dans la ville pour en brûler les fourrages et pour nous ôter la facilité de nous rapprocher dudit château par ce côté-là; on ne laissa pas pourtant de se loger dans la ville, la nuit du 7 au 8.

Le roc opposa une grande résistance aux mineurs, qui eurent de la peine à trouver un bon terrain.

Le maréchal vint par deux fois visiter les travaux : la première fois, le 8, le colonel de Rouergue, M. de Montpeyroux, qui l'accompagnait, fut blessé d'un coup de mousquet qui lui cassa deux doigts et la main, et en mourut; la deuxième fois, il eut un de ses gardes tué à son côté.

M. de la Frézelière manqua aussi plusieurs fois d'être tué.

Le colonel de Guyenne, M. de Vaubecourt, reçut une balle à la tête.

MM. de Saint-Hilaire et de Trassy furent blessés. Enfin, le 15, le château capitula : 200 hommes en sortirent, qui se retirèrent à Strasbourg et à Bouxwiller. On y trouva 30 pièces de canon, des armes et des munitions en assez grande quantité.

Rapport de M. Tarade, daté du 28 février 1702

(Voir ci-après.)

Cette place a été prise par M. le maréchal de Créqui en quinze jours de tranchées; le commandant, qui avait 300 hommes de troupes impériales, fut intimidé et fit sa capitulation en *débauche* (sic); sans quoi, on était prêt à lever le

LICHTENBERG EN 1678

siège, la brèche n'étant pas praticable à beaucoup près, n'ayant été faite que par une batterie de canons qui minait la muraille au-dessus du roc, où le mineur ne peut se loger, et il s'en fallait beaucoup que ce château ne fût en si bon état qu'il est à présent, n'y ayant pour lors ni fossé ni chemin couvert.

Le siège s'est fait par des détachements de l'armée qui venaient de 2 lieues et se relevaient successivement les uns aux autres (*sic*).

Voici l'état des troupes qui avaient **été** employées au siège :

14 régiments d'infanterie :
  Normandie (9e);
  La Marine (11e);
  Auvergne (17e);
  Guyenne (21e);
  Poitou (25e);
  Touraine (33e);
  Aquitaine (35e);
  Bretagne (46e);
  La Sarre (51e);
  La Fère (52e);
  Condé (55e);
  Bourbon (56e);
  Rouergue (58e);
  Beauce (68e).

Tous ces régiments étaient à deux bataillons, sauf Normandie et Bourbon qui n'en avaient qu'un, soit vingt-six bataillons.

Neuf régiments de cavalerie :

  Royal-Picardie (20e cavalerie de la Révolution);
  Foucauld (disparu);
  D'Harlus (disparu);
  Lambert (disparu);
  Bligny (disparu);

Bartillat (disparu);
Saint-Simon (disparu);
Saint-Sylvestre (disparu);
Pelleport (disparu);

Quatre régiments de dragons :
Mestre de camp général (10e);
Royal (1er);
La Reine (6e);
Conti (4e).

La reddition de Lichtenberg termina les opérations de la campagne de 1678. Aussitôt après, l'armée prit ses quartiers d'hiver.

Il est à remarquer que les ratifications du traité de Nimègue, signées le 5 février 1679, ne soufflent pas mot de Lichtenberg; mais, trois jours après (le 8), une copie fut envoyée aux souverains intéressés, y compris le comte de Hanau.

B. Impériaux.

Extrait de l'ouvrage d'Henrico y Cornelio Verdussen.

Le temps se passait sans que le maréchal de Créqui pût arriver à faire le siège prémédité (de Strasbourg), parce que les Allemands avaient leurs forces si bien réparties, tant au campement principal devant Strasbourg qu'en d'autres parages où une grande défense était nécessaire, qu'ils paralysaient toutes les tentatives que le duc (Charles V de Lorraine) cherchait à repousser ou à prévenir.

Finalement, calculant les pertes continuelles, soit dans les partis, soit dans les convois et en d'autres rencontres, dans lesquelles les Allemands restaient presque toujours vainqueurs, le général français se décida à lever son camp, parce que les entreprises pour inquiéter cette ville lui parurent inutiles, en raison de la nombreuse garnison qui y était et de la difficulté d'amener les vivres nécessaires, en grande partie exposés au pillage des ennemis.

C'est ainsi que, le 6 octobre, il commença à se mouvoir et s'achemina à former son campement à trois heures de Haguenau à Wert (Wœrth), et le bruit courut que Créqui

voulait détacher une partie de ses gens pour aller assiéger
le château fort de Liechtenberg (*sic*), situé dans le comté de
Hanau, où il y avait 400 Impériaux en garnison.

Le duc de Lorraine, à cette vue, se mit aussi en marche
et envoya le général Schultz vers Strasbourg avec les dragons de Chavagnac, de Ederstorf et avec les Croates de
Lodron, et quelques troupes de Saxe-Gotha qui, en tout,
arrivaient à cinq régiments environ, et qui, le lendemain,
unis à d'autres forces, entrèrent à Strasbourg, pour finir
d'assurer cette ville qui, en vérité, dut sa liberté à l'armée
impériale.

Mais cette fortune eut son contretemps en l'événement
défavorable de la prise du château de Liechtenberg, dont la
position avantageuse semblait promettre plus de prolonga-
tion dans sa défense.

Le gouverneur, lieutenant-colonel Dolne, en recevant la
nouvelle de l'approche des Français, chercha à se prémunir
en brûlant quelques maisons qui étaient devant la forteresse. De plus, le château était situé sur un rocher assez
élevé (auquel l'art avait ajouté les fortifications, afin de lui
donner une pente si précipitée qu'il était inaccessible de
plusieurs côtés, ne laissant que les sentiers nécessaires qui
puissent servir pour la communication, où l'on ne ménagea
pas quelques obstacles, ce qui leur donnait une force peu
commune).

Tout cela fait que le gouverneur pensa que le seul soin
de tirer sur les Français qui monteraient à l'assaut de ces
sentiers découverts serait une défense suffisante et, à telle
fin, fit charger son artillerie avec de petites balles, des clous
et d'autres menues pièces de fer et de morceaux de chaînes.

En effet, lorsque les assaillants voulurent escalader les
avenues, on fit feu si à propos que la première troupe qui
se présenta fut mise en morceaux, et l'on continua les tirs
avec tant de succès qu'il leur fut impossible d'avancer. Bien
au contraire, les Français subirent une perte si notable
qu'ils durent suspendre leur première furie et penser à
revenir plus parés une autre fois, et cette attaque leur coûta
beaucoup de sang, parce que les Allemands les blessaient à
corps découvert, le commandement du château les empêchant de se couvrir, et c'est ainsi qu'il fut nécessaire qu'ils
cherchassent la manière de venir à un autre assaut plus
abrités.

Dans ce but, ils formèrent des galeries d'amas de planches
et quelques couvertures de grosse charpente, et ils arrivèrent à donner un autre assaut dans lequel, quoique avec
grande perte, ils purent rester campés au pied du château

et s'assurèrent de ce chemin et ensuite vinrent piquer le mur pour appliquer la mine.

Ce fut la dernière opération du siège, car le gouverneur, n'ignorant pas les nombreux morts que les Français avaient eus, reconnut qu'ils le feraient sauter dans le château ou qu'au moins ils ne feraient pas de quartier : c'est pourquoi, considérant la dure nécessité dans laquelle il se trouvait, il fit battre le rappel et se rendit le 18 (*sic*), sortant avec des conditions très honorables avec sa petite troupe et quelques voitures qui conduisirent les bagages jusqu'à Strasbourg.

Cet événement produisit beaucoup d'ennui, et l'on préparait déjà du secours, croyant assurément que ce fort se serait maintenu bien plus longtemps.

Quelques jours après, une troupe impériale rencontra un parti français très nombreux près de Liechtenberg, commandé par le sergent-major (?) Daubichon, qui conduisait quelques troupes en Lorraine, lequel fut battu, laissant beaucoup de morts et de prisonniers.

Communication des K. K. Kriegs Archiv de Vienne

Il n'existe, à la vérité, aucune pièce authentique relative à la défense du château de Lichtenberg, en 1678; on possède seulement quelques extraits de rapports au Hofkriegsrat.

Il résulte de ces extraits, très peu circonstanciés, qu'aucune troupe impériale n'a pris part à la défense et que le nom du lieutenant-colonel autrichien Done n'est prononcé dans aucune pièce officielle, soit avant, soit après le siège.

Lichtenberg était, à cette époque, une possession du comté de l'empire de Hanau.

Le château avait bien, au début de l'année, une garnison autrichienne, mais celle-ci avait été retirée dès le mois de mars, sur la prière du comte Casimir de Hanau, par le duc de Lorraine, et remplacée par des troupes comtales de Hanau; par contre, les tentatives répétées du comte de faire solder la garnison de Lichtenberg par le budget de la guerre impérial, furent rejetées.

Les seuls documents ayant trait au siège en lui-même sont des extraits de rapports du duc de Lorraine des 10, 15 et 21 (ou 27) octobre, et s'expriment ainsi qu'il suit :

« Cependant Créqui, avec son armée, avait continué sa marche et enlevé le fort château de Lichtenberg...

» Cependant Créqui continue ses opérations par l'attaque de Lichtenberg...

» Le château de Lichtenberg (du comté de Hanau) s'est rendu par accord (*sic*)... »

CHAPITRE II

De 1679 à la Révolution

1° Commandants.

Le premier commandant du fort de Lichtenberg après le siège, fut le lieutenant-colonel du régiment de Poitou, M. Bertrandi.

En 1697, j'y trouve M. de la Jonchère.

2° Garnisons.

En 1702 : 1 compagnie d'Irlandais;

En 1744 : 2 compagnies d'invalides.

3° Documents divers.

Mémoire sans lieu ni date.

En 1680, Louis XIV donna l'ordre de rétablir le château détruit par Créqui.

En même temps, il fit établir une petite ville au pied de la montagne, à l'endroit où se trouvait le village détruit, qui devait être fortifié aussi.

Tous les immigrants qui s'y établiraient devaient recevoir 120 écus.

Dès qu'il fut en état, il reçut une garnison.

Mémoire de 1697.

Liechtenberg est un château, situé en Basse-Alsace, qui est très fort. Le Roy y a fait beaucoup travailler; il est situé à 9 lieues de Strasbourg, à l'entrée des montagnes des Vosges, à 2 lieues au-dessus de Bouxwiller. Il n'est pas tout à fait sur le passage d'Ingwiller à Bitche, mais il ne laisse pas d'être nécessaire.

Mémoire de 1702.

Lichtenberg était ci-devant le lieu principal du comté d'Anneau en deçà du Rhin; ses seigneurs en portent le nom; c'est où sont les sépultures de leurs ancêtres.

La situation est sur la frontière de la Basse-Alsace et de la Lorraine allemande dans les montagnes, à 1 lieue d'Ingueviller, 2 de Bouswaller, 3 de la Petite-Pierre, 5 de Bitche, 6 de Phalsbourg, autant d'Haguenau, 9 de Strasbourg, 11 du fort Louis, 14 de Landau, 19 de Philisbourg, 20 de Spire et 21 de *Keiserlautre.*

Sur un rocher supérieur à toutes les montagnes voisines, lesquelles sont toutes couvertes de bois de haute futaie, et séparées les unes des autres par des vallons impraticables, en sorte qu'il y a toujours une lieue à monter pour arriver au pied du château, lequel se découvre de 4 à 5 lieues.

Le fossé du château est taillé dans le roc de 8 toises de largeur sur 17 à 18 pieds de profondeur, dont les 2/3 *est* sec, et dans le surplus il y a 3 à 4 ou 5 pieds d'eau qui ne tarit point; le fossé est bien revêtu au-dessous (?) du roc, du côté du chemin couvert.

Le roc est élevé de 25 pieds de hauteur au corps du château au-dessus du fond du fossé, et le mineur ne saurait s'attacher (?), quoiqu'il y ait un peu de maçonnerie au-dessous (?) du roc, en quelques endroits, mais elle a peu d'épaisseur, et le roc se trouve aussitôt derrière cette maçonnerie.

Il y a un chemin couvert autour du fossé, lequel n'a que 10 pieds au plus étroit, et partout ailleurs a 15, 18 et 21 pieds de largeur, flanqué par des redans et places d'armes avec des traverses de maçonnerie de 6 pieds d'épaisseur.

Les glacis ont 6 à 7 toises de pente sur autant de hauteur, le pied desquels n'est point vu en quelques endroits à cause de sa grande rapidité.

Il y a du logement pour 300 à 400 hommes de garnison et tous les bâtiments nécessaires pour les officiers-majors avec les magasins à poudre et l'arsenal, et en lesquels peuvent contenir les choses nécessaires à la défense.

Il y a aussi deux bonnes citernes en puits et une bonne fontaine naturelle; ainsi on ne saurait manquer d'eau ni de bois, lequel, étant fort près, il est facile d'en faire provision.

Ce poste a l'avantage que les armées ne sauraient camper ni subsister auprès, les environs n'étant que montagnes et bois. Il paraît que ce poste ne peut être assiégé qu'après que les ennemis se seraient rendus maîtres de Landau.

Il y avait ci-devant une petite ville au pied de ce château qui en faisait toute la commodité. Elle était fermée d'une muraille sèche avec deux petites tours aux angles, et le troisième angle n'en avait pas; cette ville fut brûlée par la garnison impériale en quittant le poste, et, depuis, le reste des maisons de la ville ont été démolies, mais non -pas entièrement, en sorte que ce qui reste de la vieille enceinte sert de logement et de couvert contre le château en l'étendue de deux fronts, ce qui mériterait d'être achevé de raser et bien aplanir toutes les inégalités et monticules.

Depuis le rasement de la ville, il s'est fait, avec assez de difficulté, un petit village composé de 25 maisons au pied du château, le Roy ayant même fait donner à chacun des premiers habitants 300 francs pour y bâtir leurs maisons. Il est cependant exposé à être brûlé par un parti, pendant une nuit, sans que l'on puisse l'empêcher, s'il n'est enforcé par un retranchement.

Avec tous les avantages qui sont marqués ci-devant par la situation du château, comme il n'y a presque point de flancs et que ceux qui y sont sont si petits qu'une batterie de canons un peu considérable les aurait bientôt ruinés, cela joint à quelques bombes jetées à propos désolerait la garnison dans un lieu aussi serré que celui-là, et, à force de fascines qui peuvent se faire tout auprès avec beaucoup de facilité, on viendrait à bout de passer le fossé et de s'en rendre maître.

Si Sa Majesté jugeait le poste assez important à son service pour y faire de nouvelles fortifications, mon avis serait d'envelopper tout ce château par un fort à quatre bastions et d'enfermer le village ou faubourg en un ouvrage à cornes, l'un et l'autre se pouvant faire, et conviendrait parfaitement au terrain; mais, s'il m'est permis de dire mon avis, l'importance du poste ne me paraît pas mériter cette dépense.

Il faut encore observer que de simples dehors ne conviennent pas à ce château par deux raisons : la première est que ces ouvrages augmenteraient si fort la garde qu'il ne se trouverait pas assez de logement dans le château pour les contenir; 2° la communication des ouvrages au fort serait très difficile et les troupes des dehors auraient peine à se retirer au château s'il était forcé de le faire.

Les plans et profils achèveront de faire comprendre ce qui est expliqué dans ce mémoire.

Le tout bien considéré, j'estime que l'on doit simplement s'en tenir aux réparations indispensables, dont l'estimation est ci-après :

1°

fr.

Pour achever de raser l'enceinte de la ville et aplanir les masures et monticules............... 400

Pour faire un retranchement autour du faubourg (en ouvrage à cornes) contre les partis, qui sera gardé par les habitants, étant pour leur conservation). 3.500

Pour recouler du ciment dans tous les joints du parapet du donjon, qui sont tous vides............ 30

Pour faire deux guérites de bois............... 30

Pour faire deux barrières neuves.............. 100

Pour quatre cuves de chêne garnies de cercles de fer pour tenir de l'eau en provision contre les accidents du feu. 120

Pour refaire le manteau de la cheminée et l'enchevêtrure du logement de l'aide-major.......... 60

Pour refaire six portes neuves aux casernes.... 42

Pour faire une traverse de maçonnerie derrière la barrière de l'avancée pour la flanquer, nécessaire en d'aucuns ouvrages, ci.................... 95

Pour faire deux barrières indispensables et deux portes devant la porte de sortie................. 120

La porte de sortie est couverte par une espèce de caponnière, laquelle on a voutée à l'épreuve de la bombe, ce qui occupe presque toute la capacité: en sorte qu'il n'y a que 4 créneaux par le bas, 6 à 7 pieds au-dessus, et 10 dans la voûte, dont la grosse épaisseur de maçonnerie empêche en partie leur usage, à quoi il succède dans le feu, la fumée ne pouvant s'évaporer, cet ouvrage devient inutile.

Il y en a un autre qui est que l'on arrive de plain-pied à cet ouvrage par le fond du fossé; or l'ennemi peut descendre du chemin couvert par les escaliers de pierre de taille qui y sont, et, s'il s'en était une fois emparé, il ne serait plus possible de l'en chasser, il y serait en sûreté. Il est nécessaire, pour remédier à ce défaut, d'ouvrir la voûte afin de pouvoir introduire quelques bombes et du feu d'artifices dans cette pièce pour en chasser l'ennemi, ce qui pourra revenir, par estimation, ci. . 120

Il serait encore nécessaire d'approfondir le fossé de 6 pieds devant les entrées des deux flancs de cette pièce, afin que l'on y puisse placer deux petits ponts-levis, et empêcher que l'ennemi ne puisse approcher de la barrière pour la couper, ainsi que

la porte, *duquel* il peut s'attacher facilement,
pour l'excavation du fossé et les deux petits ponts-
levis, ci.   260

Pour couvrir la porte de l'entrée, il serait nécessaire de faire un réduit devant; et, pour cet effet,
de revêtir le chemin couvert et la place d'armes
qui est devant par un gros mur qui lui servirait
de traverse pour désenfiler ladite porte d'un endroit d'où elle peut être battue, ce qui pourrait
revenir à. 2.800

Total de toutes les dépenses contenues au pré-
sent état. 7.672 (1)

Fait à Strasbourg, 28 février 1702.

TARADE.

Mémoire de 1745 du sieur Bombelle, sur le peu d'utilité du château de Lichtenberg.

A Bitche, le 4 juin 1745.

J'arrive d'une tournée que je viens de faire dans la vallée
de Zimwiller et Gumbrechshoven, par laquelle on pourrait,
au besoin, faire passer une colonne de troupes pour se
porter sur Haguenau ou sur Brumpt, en Alsace; je suis
passé, en revenant, au château de Lichtenberg, dont je con-
nais la force, mais dont j'ignore le mérite; malgré l'examen
scrupuleux que j'ai pu faire du pays qui l'environne, je ne
trouve aucune avenue ni route qui y aboutisse ni qui y
passe; or, il ne peut donc servir que de retraite à quelques
compagnies franches pour aller inquiéter les ennemis dans
le triste cas où nous étions la campagne dernière. De plus
habiles que moi lui ont sans doute trouvé quelque utilité qui
a échappé à mes faibles lumières, puisqu'on a laissé subsister ce poste.

Je suis, avec un très profond respect, monsieur, votre très
humble et très obéissant serviteur.

BOMBELLE.

---

(1) Réduit à 635.

CHAPITRE III

1792 et 1793

1° Commandants.

En 1792, le capitaine Curien, commandant les invalides;
En 1793, le capitaine Cronthaller.

2° Garnisons.

Le 1ᵉʳ mars et le 1ᵉʳ mai 1792 :

1 compagnie et demi d'invalides.

1ᵉʳ septembre 1792 :

Service de la place : 1 officier, 1 sous-officier.

Invalides.	49	hommes.
Volontaires.	49	—
Artillerie.	4	—

1ᵉʳ octobre 1792 :

Invalides.	50	—
Détachement du 1ᵉʳ du Jura	51	—
Artillerie.	6	—

Décembre 1792 :

Invalides.	49	—
Volontaires.	51	—
Artillerie.	4	—

1ᵉʳ janvier 1793 :

Invalides.	49	—
Artillerie.	4	—

1ᵉʳ février 1793 :

Invalides.	49	—
Compagnie de la Haute-Saône.	43	—
Artillerie.	4	—

Mars 1793 :

Invalides.	48	—
Artillerie.	4	—

Juin 1793 :

Invalides. . . . . 43 hommes.
Vétérans. . . . . 234 —
Artillerie. . . . . 4 —

Juillet 1793 :

Vétérans. . . . . 196 —
Dépôts. . . . . 107 —
Artillerie. . . . . 4 —
Gendarmes. . . . . 9 —

1er août 1793 :

Invalides. . . . . 36 —
Suisses. . . . . 190 —
Artillerie. . . . . 4 —
Gendarmerie. . . . . 8 —

16 août 1793 :

	Officiers.	Hommes.	Présents.
Vétérans nationaux.	2	226	196
Dépôt 2e Puy-de-Dôme.	1	48	42
Dépôt 2e Charente-Inférieure.	1	83	65
Détachement 5e d'artillerie.	»	4	4
Gendarmerie nationale.	»	9	9
Total.	4	370	316

30 août 1793 :

31e de vétérans. . . . . 3 officiers. 41 hommes.
Suisses. . . . . 229 —
29e de vétérans. . . . . 49 —

1er septembre 1793 :

Vétérans. . . . . 196 —
2e Puy-de-Dôme. . . . . 42 —
2e Charente-Inférieure. . . . . 69 —
Artillerie. . . . . 4 —
Gendarmerie. . . . . 9 —

1er octobre 1793 :

2e bataillon du 33e (plus, sans doute, les mêmes éléments que ci-dessus).

3° Documents divers.

Conformément aux ordres du général Kellermann, l'ingénieur de l'armée du Rhin, Chambarlhiac, se transporta, en juin 1792, à Bitche, à Sarrelibre, à la Petite-Pierre, à Lichtenberg, à Phalsbourg. Il fit palissader Lichtenberg et la Petite-Pierre sur le front d'attaque, et pressa le palissadement des autres qui était déjà commencé.

Deux des documents ci-après méritent l'attention; ce sont ceux émanant des capitaines Curien et Cronthaller. Quel contraste entre l'admirable bon sens de ces deux modestes et les vaniteuses objections des services spéciaux !

Lettre de l'adjudant Laubadère au Ministre de la guerre.

Neukirch, 14 juin 1792.

L'état politique de notre situation actuelle prescrit impérieusement les mesures d'une défense serrée, et il est impossible d'assurer le sort des frontières de la Lorraine et de l'Alsace si l'on s'écarte de cette disposition prudente et nécessaire et si les troupes destinées à les défendre ne sont considérablement renforcées.

L'armée du général Kellermann, dont l'objet primitif avait été de se lier au rapport avec l'armée du Centre, cesse de remplir dans toute sa plénitude cette destination protectrice du moment que la Lorraine est aussi faiblement gardée; la pénurie des troupes qui y sont répandues d'un côté, de l'autre le trop petit nombre de celles qui composent son armée, rendent l'extension de son commandement territorial illusoire et nuisible sans l'augmentation indispensable de troupes.

Dans cet état de choses, il ne peut, ne doit et ne veut agir qu'avec circonspection; décidé à observer une mobilité continuelle, il réunira le peu de forces qui lui sont confiées et en réglera les dispositions de manière à se porter, au premier instant, dans la partie la plus compromise.

D'après les avis venus de toutes parts, il paraît que les

vues offensives se dirigent principalement sur l'Alsace; il me semble donc de toute importance de se replier, pour premier mouvement, sur Bouquenom; cette position centrale, en offrant le mérite de protéger à la fois les deux frontières, facilite les moyens de se porter, dans deux marches forcées, soit sur la Basse-Alsace, soit sur Sarlouis.

Si, comme il est vraisemblable, l'ennemi tentait d'exécuter ses projets d'incursion en Alsace, il ne manquerait pas sans doute de diriger une fausse attaque par les débouchés des Vosges du côté de Bitche, Lichtenberg et la Petite-Pierre.

Les mesures du général Kellermann sont prises pour assurer les approvisionnements en tous genres du château de Bitche, livré à ses propres moyens de défense; dès que les troupes qui y sont en garnison fairont leur devoir, comme on se plaît à le supposer, il est de toute probabilité que l'ennemi ne s'en rendra pas le maître; d'ailleurs, parvînt-il à en faire la conquête — périlleuse et difficile — elle ne lui donnerait pas de grands moyens de pénétrer en Alsace; car il est on ne peut pas plus aisé de garder avantageusement les trois débouchés des gorges qui conduisent à Landau, Weissembourg et Haguenau; il serait donc plus probable qu'il préférerait les débouchés suivants, savoir :

Celui des Deux-Ponts, qui aboutit à Rorbach;
Celui qui passe sous Lichtenberg,
Et ceux qui dirigent sur la Petite-Pierre.

Dans le premier cas, la crête de la hauteur sur le derrière de Rorbach offre une position excellente, tant sous les rapports militaires que sous ceux d'approvisionnements d'eau nécessaire à l'établissement d'un camp; elle couvre avantageusement les deux routes, l'une conduisant à Sarquemines, l'autre à Bouquenom; elle intercepte toute communication, soit en Lorraine, soit en Alsace.

Dans le second, l'on peut et l'on doit aviser aux moyens d'ajouter au château de Lichtenberg toutes les réparations qui, dans les circonstances, ont paru indispensables; l'état en sera envoyé incessamment au ministre et par le général Kellermann et par le directeur des fortifications; en attendant, ce général a ordonné provisoirement l'exécution de celles les plus pressantes; c'est dans le même esprit qu'il donne les ordres nécessaires pour y placer une compagnie des volontaires nationaux, ce qui, joint à la compagnie d'invalides qui y est en garnison, sera suffisant à la défense de cet excellent château, surtout dès qu'il y sera conduit, ainsi qu'il l'ordonne, deux pièces de canon de 8 avec tous leurs agrès.

Dans le troisième, le général Kellermann fait prendre, au château de la Petite-Pierre, les mêmes mesures qu'à celui de Lichtenberg, en y attachant les deux compagnies d'invalides qui y sont destinées, et y en envoyant une autre des volontaires nationaux, à raison de plusieurs débouchés qui y aboutissent.

Telle circonstance pourrait arriver que le général Kellermann serait dans le cas de prendre, près de ce château, la fameuse position que le maréchal Turenne y avait occupée; rien ne pourrait l'en empêcher, puisque, l'armée qu'il commande étant placée à Bouquenom, il lui serait facile de s'y porter d'une seule marche.

Il reste enfin à prévoir la position à prendre sur Phalsbourg; or, on ne peut pas mieux combiner cette disposition qu'en occupant d'abord Bouquenom, d'où l'on pourra arriver très aisément vers Phalsbourg d'une seule marche; il y existe un très bel emplacement à prendre, d'où, détachant quelques troupes sur Pétersbach, sur les gorges de la Petite-Pierre et des Trois-Fontaines, sur la crête de la montagne de Saverne et sur la vallée de Lützelbourg, l'on pourvoira solidement à la sûreté de cette partie.

C'est d'après le tableau pris de la situation des choses que le général Kellermann, à qui j'en ai rendu un compte fidèle, règle conséquemment ses dispositions militaires et pourvoit aux approvisionnements des magasins de Bitche et Phalsbourg; fait répartir dans Lichtenberg et la Petite-Pierre tous les moyens des subsistances nécessaires à ces divers postes et dispositions; d'ailleurs, ses ordres sont donnés pour que Phalsbourg puisse alimenter son armée pendant deux mois, Bitche pendant quinze jours (la garnison pourvue pendant quatre mois), Sarlouis pour un mois. Et les différentes positions qu'il sera dans le cas de prendre, approvisionnées pour huit jours, en faisant arriver pour les remplacements des différentes places ci-dessus.

L'Adjudant général de l'armée Kellermann,
Signé : LAUBADÈRE.

Le général Kellermann au ministre de la guerre Servan,
du camp de Neukirch, 17 juin 1792 :

Je vous prie, mon cher Servan, de donner des ordres de suite pour que l'état des dépenses, montant à 9.302 livres 14 sols 8 deniers, puisse faciliter l'exécution prompte des réparations et améliorations indispensables que les circonstances nécessitent dans les châteaux de Lichtenberg et la Petite-Pierre. J'en ai fait ordonner provisoirement toutes les dispositions nécessaires. Dans les combinaisons de mes mesures défensives, il m'importe essentiellement que ces deux forts, dont la destination pourrait m'être des plus utiles, soient réparés, ainsi que l'état estimatif et détaillé que j'ai enjoint à M. Bizy, directeur des fortifications d'Alsace, de vous adresser promptement; ainsi je réclame toute votre activité pour l'expédition de ce petit secours extraordinaire courrier par courrier.

*Le capitaine Curien, commandant le fort de Lichtenberg, au général *** (le 1er octobre 1792).*

Mon Général,

J'ai l'honneur de vous adresser ci-joint l'état de situation de cette garnison ainsi que celui du service de la place.

Je me félicite d'avoir l'honneur de servir sous les ordres d'un aussi brave général.

Quoique les invalides ne soient pas propres à entrer en campagne, vu leur âge et blessures, ils n'en feront pas moins bien leur devoir partout où l'on voudra les employer et se conduiront toujours comme de braves militaires, périssant plutôt tous à leur poste que de reculer d'un seul pas.

Il n'y a pas ici assez de munitions de guerre. Si la place venait à être attaquée, il y faudrait de plus au moins deux canons de 12, deux mortiers de 8 pouces, des boulets, bombes et poudre; en conséquence, quelques canonniers de plus, car avec des pièces de 4 il ne serait pas possible de démonter les batteries des ennemis; plus de cartouches à balle pour fusils d'infanterie et des subsistances. Avec tout cela, des braves peuvent tenir ici longtemps : le poste est bon, il n'est pas commandé.

Permettez, mon Général, que j'aie l'honneur de vous représenter que, pour le bien du service, il conviendrait de faire rejoindre leur bataillon au détachement des volontaires nationaux du 1er bataillon du Jura, qui est en garnison ici depuis le 22 juin dernier. Sans cesse l'on me porte des plaintes contre eux; ils maraudent, frappent les paysans, les menacent, ont brisé fenêtres et meubles dans plusieurs maisons, perdent sur l'instruction, ne connaissent point de subordination. Leur capitaine, le sieur Trouillot, trop familier avec eux, y buvant et faisant avec eux toute sorte de parties, et y contribue le plus; homme très impoli et qui prétend et ne me rend aucun compte relatif à son détachement; il me faut beaucoup de patience et habitué à bien servir; si je veux que le service se fasse, ils jurent, me menacent; je ne suis pas en sûreté avec eux. Pour ces raisons, je vous supplie de vouloir bien leur faire rejoindre leur bataillon et d'en envoyer d'autres à leur place d'un autre bataillon, si toutefois vous le jugez nécessaire.

Je suis avec respect, mon Général, votre très humble et très obéissant serviteur.

Le Capitaine d'invalides commandant à Lichtenberg,
Signé : Curien.

Custine, général en chef de l'armée du Rhin, aux administrateurs du département du Bas-Rhin (3 avril 1793).

Les requiert de faire évacuer de suite sur le fort Vauban, la Petite-Pierre, Lichtenberg, Strasbourg et Schelestadt tous les magasins, grains, fourrages, bestiaux qui se trouvent dans l'étendue de leur département, afin de ne rien laisser à l'ennemi.

Custine au général de division Ferrier (3 avril 1793).

Augmenter les moyens de défense de la Petite-Pierre et de Lichtenberg.

Custine au général d'Aboville (12 avril 1793).

Il va garnir la Petite-Pierre, Lichtenberg et la gorge de Bitche.

Cronthaler, capitaine commandant le fort de Lichtenberg,
au général Custine (19 avril 1793).

Général,

Il est de mon devoir de vous instruire de l'état de situation du fort de Lichtenberg, que j'ai l'honneur de commander.

Cette petite place, forte par son assiette et par ce que l'art y a ajouté, a besoin de réparations (et qui sont très urgentes) pour pouvoir résister aux efforts des ennemis. Une partie des parapets et de la contrescarpe est tombée; il y a beaucoup d'ouvrage pour les relever, et cependant le citoyen *Dinck, ingénieur de la Petite-Pierre,* n'y emploie que deux ouvriers qui font très peu d'ouvrage. Il emploie un seul charpentier pour poser les palissades, lequel se fait aider par deux canonniers; vous jugez de la lenteur avec laquelle cela doit aller *et il n'y a que la totalité du fort à entourer de palissades;* d'ailleurs, la manière dont on les place servira plus à favoriser l'ennemi qu'à l'arrêter; je l'ai observé au charpentier, qui m'a dit que c'étaient les ordres de l'ingénieur, qui, s'il n'a pas de la mauvaise foi, est au moins très négligent; d'ailleurs, l'odeur de son patriotisme ne flaire pas comme baume.

On a fait transporter ici des vivres et des fourrages pour deux mois pour 200 hommes et 20 chevaux.

Mais ce qui est aussi nécessaire que des vivres, puisque sans l'un on ne peut conserver l'autre, c'est des munitions et de l'artillerie. Celle du fort consiste en trois pièces de 4 et 4 canonniers; il n'y a de quoi faire feu que pour deux heures tout au plus, n'ayant que 300 coups à boulet et 60 à mitraille. Les affûts, d'ailleurs, sont très gênants et difficiles à manœuvrer, étant des affûts de marine.

La garnison est composée de 40 invalides dont la plupart sont ou estropiés, ou hors de service par leur âge; pleins de bonne volonté, mais il faut que les forces répondent au courage.

Je crains beaucoup que le lieu où est la poudre ne contribue à la gâter : il est humide; ne serait-il pas à propos de le changer ?

Il y a au magasin des fusils de rempart qui, avec des réparations, seraient très bons, mais point d'armurier. Le plus près à Pfaffonnen (?) à trois lieues (Pfaffenhoffen).

Les habitants du pays sont gens sur lesquels il y a peu de fond à faire. La quantité de vivres que l'on a transportés ici ne laisse pas que d'être assez considérable, et cela pourrait être un appât pour l'ennemi; dans ce cas, il y aurait peut-être de l'impossibilité à défendre ce poste avec sa garnison et ses munitions actuelles : il y a 6.000 cartouches à balles.

D'après ce résumé, Général, vous sentez que, voulant conserver ce fort qui par sa position est et peut être de très grande utilité, il est instant qu'il soit garni très promptement d'hommes et de munitions.

Il est très nécessaire d'avoir ici des cavaliers, tant pour les reconnaissances, patrouilles, etc., que pour les ordonnances, afin de pouvoir faire parvenir dans le plus court délai et avec célérité les nouvelles que je puis avoir des ennemis.

Dans tous les cas, mon Général, comptez sur tout mon zèle et mon amour pour la chose publique.

Signé : CRONTHALER.

Le capitaine du génie Caloire au général Sparre
(19 mai 1793).

(Note sur le rapport fait par le commissaire des guerres
envoyé à la Petite-Pierre et à Lichtenberg.)

Les membres composant le Directoire du département
du Bas-Rhin, à M. Gelbe (31 mai 1793).

(Ils le préviennent qu'une bande de brigands, au nombre
de plus de 200, sont campés dans les forêts qui avoisinent les
communes d'Ingviller, Reppersweiller, Lichtenberg, Mac-
khoffen, et y commettent toutes sortes de vols et de brigan·
dages.)

Lépine, directeur de l'artillerie à Strasbourg, au général
Sparre (10 août 1793).

(Il rend compte qu'il partira le lendemain pour le fort de
Lichtenberg un convoi portant 2.000 livres de poudre,
200 gargousses, 500 livres de mèches, 150 haches et 3 cornes
d'amorces dont cette place a besoin pour son approvisionnement.)

Le général Théod. Cole, à Haguenau, au général Clarke
(3 octobre 1793).

J'ai reçu, Citoyen Général, ce matin à 5 heures, la lettre
que vous m'avez fait l'honneur de m'écrire à minuit. Vous
avez déjà appris toutes les mesures que j'ai prises pour procurer du secours à Lichtenberg et à la Petite-Pierre; mais,
malheureusement, mès réquisitions dans les cantons de
Bouxvillers, Saverne et ailleurs ne font pas grand effet, et
nous ne devons pas compter en la moindre chose sur les
agricoles, qui se refusent à marcher.

J'ai recommandé la plus grande surveillance aux commandants de Lichtenberg et la Petite-Pierre, et vous pouvez être
sûr que rien ne sera négligé de leur part. Je vous envoie ci-
joint deux lettres du commandant de la Petite-Pierre et un
procès-verbal de la municipalité de cet endroit qui vous fera
connaître combien on est surveillant en cette partie-là.

Le 8e bataillon de l'Ain est arrivé ici ce matin à la pointe
du jour, bien fatigué. Néanmoins, sitôt qu'il aura pris un

peu de repos et qu'il aura mangé sa soupe, je compte le faire partir pour la Petite-Pierre.

Un bataillon du 33e régiment d'infanterie et le 2e bataillon du Doubs arriveront ici aujourd'hui. Je compte envoyer le premier à Lichtenberg pour occuper les gorges de Wimmeman et Ripperswiller, et le second à Niederbrunn, pour être envoyé du côté de Dambach, en remplacement de celui de Dordogne, qui est porté en avant.

Ces dispositions, d'ailleurs, sont subordonnées aux circonstances; j'en donne avis au citoyen Maréchais pour qu'il en informe le général Sautter, qui fera ensuite celles qu'il jugera les plus convenables.

Je charge en même temps les commandants à Lichtenberg et Petite-Pierre de m'informer du nombre et espèce de troupes agricoles qui s'y seront rendus, et je porterai, dans cette partie, tout secours qui dépend de moi; et, pour être plus amplement informé de tout ce qui se passe dans ces gorges, j'y enverrai ce matin le citoyen Charlieu, qui ira d'abord à la Petite-Pierre, ensuite à Lichtenberg, et qui se rendra ensuite à Niederbrunn pour rendre compte au général Sautter de tout ce qu'il aura pu apprendre, pour qu'il puisse d'autant mieux régler leurs opérations.

Le Général de brigade,
Théodore COLLE.

Ehrmann et Richard, représentants du peuple, au Directoire du département de la Meurthe, le 5 octobre 1793 (mesures pour la défense des places de la frontière).

Après bien des recherches sur les causes de la suspension du général Clarke, par les représentants du peuple, le 8 octobre, j'ai trouvé que c'était, en particulier, pour n'avoir pas mis le fort de Lichtenberg en état de défense.

Le 16, la division des montagnes, en retraite de Wœrth sur Hochfelden, jeta, en passant, une garnison dans le fort de Lichtenberg : c'était tout au moins un bataillon, mais je ne sais lequel.

Le 19 octobre, le commandant du fort fut sommé; il répondit vigoureusement (voir ci-après).

Du 19 au 22, le fort fut observé par un détachement ennemi.

Le 22, le détachement d'observation se retira.

Communication du K. K. Kriegs archiv de Vienne.

Dès le 18 octobre, les Alliés cherchèrent à s'emparer du château de Lichtenberg, qui, d'après des rapports d'espions, était occupé par 600 Français avec 6 canons. Le duc Charles-Guillaume de Brunswick envoya du camp de Mattstal un détachement prussien par Oberbronn contre le fort, dont la garnison fut sommée de se rendre. Mais le commandant français refusa nettement d'entrer en pourparlers; sur quoi les Prussiens se retirèrent.

Là-dessus, le général de cavalerie comte Wurmser donna au général Hotze, stationné à Bouxviller, l'ordre de s'emparer du château. Sur quoi, Hotze envoya le 19 octobre sous les ordres du colonel (du palatinat bavarois) baron Zant un détachement comprenant son régiment de chevau-légers, deux divisions du régiment d'infanterie autrichienne Lacy (aujourd'hui régiment d'infanterie Lacy n° 22) et un canon, contre Lichtenberg. La sommation, renouvelée par Zant fut également rejeté avec fermeté, et le détachement des Alliés dut se disposer au siège.

Mais, dès les jours suivants, à la suite de la brusque retraite de l'armée prussienne après l'échec du combat de Bitche, Wurmser se voyait forcé de concentrer ses forces et de renoncer à l'entreprise sur Lichtenberg.

Le baron Zant commença sa retraite, selon toute probabilité, dès le 22 octobre.

Il n'existe au *Kriegs archiv* aucun renseignement sur ce qu'il avait fait depuis le 19 octobre.

CHAPITRE IV

De 1794 à 1814

1º Commandants du fort.

De thermidor an II à l'an VII : Thiellay.
An IX : Burtin (adjudant capitaine).
An XIII : Dufour (capitaine adjudant).
An XIV et 1806 : Dufour (capitaine commandant d'armes).
1807 : Baumgarten (capitaine commandant d'armes).
De 1808 à 1814 : Plaideau (capitaine commandant d'armes).

Autres noms relevés.

An VII : Juillau (chirurgien).
An XIII : Schneider (garde-magasin).

2º Garnisons.

(Je n'ai rien trouvé sur cette époque.)

3º Documents divers.

Notice sur Lichtenberg établie en 1805 (sans signature)

Le château de L... servait autrefois de prison d'État. Il a
été établi par des raisons politiques tout à fait étrangères au
système de défense qu'*exige* nos frontières.

Ce poste isolé, de peu de capacité, occupe le sommet d'une
montagne des Vosges d'un abord difficile. Il est éloigné de
près d'une lieue d'un chemin ou défilé qui communique de
Bitche en Alsace par Reishoffen, en sorte que la faible garnison que ce poste peut contenir ne pourrait même pas
s'opposer aux incursions de troupes légères sans courir le
risque d'être coupée dans sa retraite.

L... n'est donc d'aucune importance dans la défense de la
frontière, et 150 hommes qu'on y placerait pour éclairer les
mouvements de l'ennemi suffiraient pour la défense de ce
poste, situé de manière à ne pouvoir gêner aucune de ses
opérations.

CHAPITRE V

Blocus de 1814

Entre le 25 et le 29 décembre 1813, le général Gérard visite les petites places des Vosges, entre autres Lichtenberg. Il recommande en passant, au commandant de Phalsbourg, d'envoyer 50 hommes à Lichtenberg (et à la Petite-Pierre); mais celui-ci pensa qu'il avait trop peu de monde, que les postes étaient insignifiants, que l'ennemi les dédaignerait.

Le 6 janvier 1814, le colonel commandant le 6ᵉ d'infanterie écrit que, sur sa faible garnison de 750 hommes à Phalsbourg, il envoie 50 hommes à Lichtenberg (lettre adressée au général Lacoste).

Les trois forteresses des Vosges, la Petite-Pierre, Lichtenberg et Bitche, ne furent ni attaquées ni bloquées tout d'abord, mais simplement observées par un seul escadron.

Au mois de mars, elles furent serrées de plus près.

Ainsi, un détachement d'une compagnie d'infanterie et un piquet de dragons, sous les ordres du capitaine de Holle, fut mis devant Lichtenberg.

Le commandant de Lichtenberg, depuis 1808, était un ancien capitaine du 1ᵉʳ d'infanterie, blessé gravement à Hondschoote, et qui, depuis cette blessure, avait commandé des places (Plaideau).

Il refusa d'ouvrir la forteresse aux coalisés, mais il mourut le 17 mars.

Le capitaine Cadou le remplaça. C'était un vaillant homme. Trois blessures, et notamment celle qu'il avait reçue à la cuisse gauche devant la Corogne, l'avaient obligé à solliciter sa retraite parce qu'il ne pouvait plus continuer le service actif. Il fut réformé. Pourtant, il n'avait que 40 ans et, comme il disait, la vigueur de son âge, sa longue expérience et l'habitude militaire le rendaient propre aux fonctions d'adjudant de place.

Cadou fut nommé capitaine de la 17e compagnie de vétérans, qui gardait Lichtenberg.

Il prit le commandement du fort à la mort de Plaideau.

Comme Plaideau, il ferma les portes du fort aux alliés et, comme Plaideau, il eût la tâche facile puisque l'ennemi se contentait de rôder autour de lui.

Même après la reddition de Phalsbourg et de la Petite-Pierre, il déclara qu'il ne se soumettrait pas.

Le blocus fut resserré, il ne céda pas.

Pour venir à bout de sa rétinence, le commissaire extraordinaire du roi, le chevalier de la Salle, dut le menacer d'employer la force.

Honneur à Plaideau (bien que M. Chuquet fasse de lui un tableau peu flatteur), honneur à Cadou ! Ce sont ces braves gens qui, aux époques les plus sombres de notre histoire, alors que tant de gens ont la vue trouble, jalonnent simplement mais lumineusement la route du devoir.

CHAPITRE VI

Blocus de 1815

1° Commandant.

Capitaine Cauvel.

2° Garnison.

Une compagnie (67e ?) de fusiliers vétérans (5 officiers et 52 hommes) et un bataillon de gardes nationales (je ne sais lequel).

Armement :

3 canons de 16 de siège...............	1.118	projectiles.
3 canons de 4.	1.051	—
1 obusier de 6 pouces.................	146	—

Poudre de guerre : 1.200 (?).
Plomb : Néant.
Boîtes à balles : Néant.
Fusils de rempart : Néant.
Grenades à main : Néant.

3° Documents divers.

Rapport du général Marescot sur Lichtenberg.

A Lichtenberg, le 6 juin 1815.

A Son Excellence le Ministre de la guerre,

Monseigneur,

Je viens d'inspecter le fort de L... C'est une excellente petite forteresse; elle est située sur un mamelon isolé, et les hauteurs environnantes, plus élevées, en sont trop éloignées pour que leur commandement puisse être bien dangereux. L'escarpe est très élevée et taillée en partie dans un rocher dur. La contrescarpe a quelques brèches, mais on les palissade. On palissade aussi le chemin couvert. Ces palissadements produisent le bon effet d'inspirer un peu plus de confiance à la garnison. Mais, dans le fait, ils sont peu nécessaires, car la grande hauteur de l'escarpe doit rassurer contre les entreprises. Un commandant tant soit peu décidé doit se faire honneur en défendant ce fortin, car il ne peut être attaqué en règle ou par famine.

Malheureusement, l'utilité de L... ne répond pas à sa bonté : il ne ferme aucun grand passage; la difficulté de l'assiéger et le peu d'utilité dont il serait à l'ennemi me font présumer qu'il ne sera pas attaqué.

J'ai donné des ordres et fait des réquisitions à l'agent forestier, afin que le magasin aux vivres soit promptement blindé.

La garnison, fixée à 250 hommes, est de 240, ce qui est bien suffisant.

L'approvisionnement des vivres est fait pour six mois et pour 250 hommes.

Il manque 108 fusils pour armer la garnison. Je prie Votre Excellence de vouloir bien ordonner qu'ils soient fournis.

Il y a 8 bouches à feu : 3 pièces de 16, 4 de 4 et 1 obusier, ce qui me paraît assez.

Il s'y trouve 969 kilos de poudre et 2.400 cartouches. Je pense, Monseigneur, que Votre Excellence ferait bien de faire doubler ces deux objets, surtout la poudre.

Enfin, il serait nécessaire d'envoyer à L... une soixantaine d'outils (pelles, pioches, haches) pour les travaux de défense.

Je suis avec respect, Monseigneur, etc.

Le Lieutenant-général,
MARESCOT.

[Une note du comité est jointe, résumant et demandant la prise en considération.] Elle est datée du 14 juin.

Rapport journalier sur le blocus de 1815.

Le 28 juin, nous avons appris que l'ennemi avait fait des réquisitions dans les environs et à Rouback (Rothbach), à une lieue du fort.

Dans la nuit du 28 au 29, on aperçut un feu incendiaire dans la direction de Strasbourg.

Dans la journée du 29, on a vu du feu et de la fumée dans la direction de Strasbourg.

Dans la journée du 30, on n'a rien vu; on a entendu dire que l'on s'était battu près de Broumath (Brumath).

Dans la journée du 1er juillet, on a remarqué beaucoup de

poussière ou de fumée sur la route qui conduit de Strasbourg à Saverne.

Dans la journée du 2, les habitants de Rouback ont amené
au fort un soi-disant ouvrier qui leur paraissait suspect; voulant le conduire au fort et ayant opposé de la résistance, ils
l'ont frappé et nous l'avons mis au cachot, pour tâcher d'en
découvrir quelque chose.

Dans la matinée du 4, on a entendu une canonnade dans
la direction de Strasbourg.

Dans la journée du 5, rien de nouveau.

Dans la nuit du 5 au 6, depuis minuit 1/4 jusqu'à près de
3 heures du matin, on a tiré le canon du côté de Phalsbourg
et l'on voyait un feu d'incendie; à 3 heures, le feu a cessé.

Dans la journée du 6, il n'y a rien eu de nouveau.

Dans la journée du 13, le matin, on a entendu quelques
coups de canon.

Dans la journée du 14, différents bruits ont circulé, les
uns que les Alliés étaient à Paris, les autres que l'ennemi
était en retraite.

Le 17 dans la matinée, l'ennemi, au nombre d'à peu près
200 hommes, s'est présenté devant la place; on a tiré un
coup de canon et plusieurs coups de fusil; sur les midi, il
est arrivé un parlementaire bavarois du 2e régiment pour
demander de la part de son colonel la reddition de la place.

Certifié véritable par moi, lieutenant commandant l'artillerie de la place.

DEUTSCH (?).

Lichtenberg, le 26 août 1815.

Communication du K. K. Kriegs archiv de Vienne.

*Observation du fort de Lichtenberg en juillet 1815
par le lieutenant-colonel bavarois von Obermayer.*

Le 10 juillet 1815, le général-major bavarois von Braunn,
placé sous les ordres du feld-maréchal autrichien lieutenant
baron Wacquant, arriva à Haguenau avec une partie de sa
brigade. Cette partie comprenait :

a) 2 bataillons de la légion mobile bavaroise;

b) Le 3e bataillon du régiment d'infanterie autrichien Archiduc-Rodolphe (aujourd'hui régiment d'infanterie Ernest-
Louis, grand-duc de Hesse n° 14);

c) 1 escadron de dragons Knesevich (aujourd'hui dragons
Empereur-François-Joseph Ier, n° 11);

d) 1 batterie autrichienne de 6.

Sa mission était avant tout de prêter main-forte au commissaire des Alliés désigné pour Haguenau et d'assurer la tranquillité dans le pays occupé.

Dans les petites places de la Petite-Pierre et de Lichtenberg se trouvaient encore à cette époque des garnisons françaises qui encourageaient les habitants des villages voisins partisans de Napoléon à la résistance contre les Alliés et inquiétaient les localités disposées à la soumission. En conséquence, le général Braunn détacha le lieutenant-colonel von Obermayer avec 4 compagnies du 1er bataillon mobile Aschaffenburg et un peloton de dragons, à Bouxviller, pour observer les garnisons des deux forts.

En même temps, Obermayer devait reconnaître les deux petites places en vue de leur investissement ultérieur.

Il est probable que si le général bavarois n'envisageait pas l'investissement immédiat, c'est que le feld-maréchal lieutenant baron Wacquant avait retenu une partie de son artillerie dans le corps de siège de Strasbourg.

Obermayer rendit compte, le 21 juillet, du résultat de sa reconnaissance. En ce qui concerne Lichtenberg, il mandait que la petite place était très bien protégée tant par son site naturel que par ses fortifications appropriées, possédait une garnison d'environ 300 gardes nationaux et vétérans et un armement de 10 à 15 pièces dont quelques-unes de 18. Il avait envoyé dans la place un parlementaire qui devait se baser sur l'entrée des Alliés à Paris et sur la situation générale en France pour exiger la reddition du fort. Mais le commandant de place avait déclaré qu'il ne pourrait le faire que sur ordre du commandant en chef.

Au moment où Braunn recevait le rapport de reconnaissance d'Obermayer, le jour même, il était informé de l'imminence de la capitulation de Strasbourg et des négociations en cours en vue d'un armistice, et il se décida en conséquence à renoncer à l'investissement projeté.

Le 3e bataillon Archiduc-Rodolphe, qui était en marche vers Lichtenberg, reçut l'ordre de prendre des cantonnements à Haguenau et Bouxwiller.

Bientôt Braunn reçut aussi la nouvelle officielle de ce qui s'était passé à Strasbourg.

Le général Rapp, commandant en chef de l'armée française du Rhin, avait compris, dans l'armistice conclu le 22 juillet avec le prince de Hohenzollern, entre autres places celle de Lichtenberg.

En conséquence et conformément au n° 4 de la convention, le lieutenant-colonel Obermayer devait rester à Bouxwiller.

Le commandant de Lichtenberg fit, à ce moment, sommer par un officier en retraite les habitants des environs en état de porter les armes, sous diverses menaces, de se rendre dans la place pour contribuer au service militaire.

En conséquence, le général Braunn donna au lieutenant-colonel Obermayer l'ordre d'empêcher, au moyen de publications et, si besoin en était, par la force, qu'aucune suite fût donnée à cette sommation.

En même temps, il prit des dispositions pour couper les arrivages de vivres au fort et prescrivit qu'en cas de dénonciation de l'armistice, les compagnies restantes du 1er bataillon mobile Aschaffenburg et 4 compagnies du 3e bataillon Archiduc-Rodolphe rallieraient le détachement Obermayer, qui devrait, sans délai, se porter à l'investissement de Lichtenberg.

Mais l'armistice de Strasbourg ne fut plus dénoncé. Il ne fut plus, dès lors, question de cerner Lichtenberg et, d'ailleurs, à partir du 30 juillet, il n'est plus question, dans les pièces officielles, du fort de Lichtenberg.

Ainsi que je l'ai fait ressortir par ailleurs (Histoire de la garnison de Dunkerque, Les Girouettes à Gravelines, Histoire du 4e du Nord), *les braves gens de 1815, comme ceux de 1814, méritent un souvenir ému.*

Ces ferblantiers, comme les appelaient les « gens chics » de l'époque et les aboyeurs à leur solde, traversèrent, calmes, dédaigneux et dignes, une période d'abominables passions. Salut ! ferblantiers de 1815 !

CHAPITRE VII

De 1815 à 1870

1° Commandants.

De 1815 à 1821 : Cauvel, capitaine commandant d'armes.

De 1822 à 1831 : Michel, capitaine commandant le fort.

De 1832 à 1834 : Dégremont, capitaine commandant le fort.

1835 : N..., commandant le fort.

1836 : Lichtenberg (comme la Petite-Pierre) n'a qu'un portier-consigne.

De 1837 à 1839 : Lichtenberg (comme la Petite-Pierre) est commandé par le plus ancien officier de la compagnie de vétérans.

De 1840 à 1843 : Lichtenberg (comme la Petite-Pierre) est commandé par le plus ancien officier de la compagnie d'infanterie.

De 1844 à 1862 : Lichtenberg est commandé par le capitaine de la compagnie d'infanterie.

De 1863 à 1870 : Il semble que ce soit le lieutenant.

En 1864 : j'y trouve le lieutenant Carbonel.

En 1870 : le lieutenant Devaux, du 96ᵉ de ligne.

COMMANDANTS DE L'ARTILLERIE

De 1825 à 1829 : j'y trouve le capitaine Pierre.

En 1842 : M. Debès, garde d'artillerie de 2ᵉ classe.

De 1843 à 1846 : un garde d'artillerie dont je n'ai pas le nom.

De 1847 à 1848 : Prangé, garde d'artillerie.

En 1849 : Meurisse, garde d'artillerie.

Entre 1860 et 1870 : je me souviens fort bien d'un vieux garde d'artillerie qui s'appelait Tafforin et qui est resté populaire dans le pays. Il ne manquait jamais, à l'heure des repas, de se fredonner à lui-même le refrain bien connu :

> La soupe aux choux se fait dans la marmite,
> Dans la marmite se fait la soupe aux choux.

COMMANDANTS DU GÉNIE.

En 1832 et 1833. . . .	Lambert, capitaine en 1er.
En 1834.	Lambert, capitaine en 1er, chargé du service de la Petite-Pierre et de Lichtenberg.
En 1835.	Soleirol, capitaine en 1er, chargé du service de la Petite-Pierre et de Lichtenberg.
De 1837 à 1840. . . .	Bodson de Noirfontaine, capitaine en 1er, chef du génie.
En 1841.	Dubois, capitaine en 1er, chargé du service de Lichtenberg.
En 1846.	Le lieutenant-colonel Bizot-Brice, chef du génie à Bitche, est chargé du service de Lichtenberg.
De 1850 à 1854.	Le chef du génie de Haguenau (Gaubert, chef de bataillon).
En 1855.	Gérardin, capitaine à Haguenau; N..., garde de 2e classe (de la Petite-Pierre).
En 1856 et 1857. . . .	Martin, chef de bataillon; N..., garde de 2e classe.
En 1858.	Foy, chef de bataillon à Haguenau.
En 1859.	Foy, chef de bataillon à Strasbourg; Jobst, garde de 1re classe à la Petite-Pierre.
De 1860 à 1861. . . .	Humbert, lieutenant-colonel à Strasbourg; Jobst, garde de 1re classe à la Petite-Pierre.

De 1862 à 1865. . . .   Charrier, chef de bataillon à Stras-
    bourg; Hermann, garde de 2ᵉ classe
    à la Petite-Pierre.
En 1866 et 1867. . . .   Charrier, lieutenant-colonel à Stras-
    bourg; Jobst, garde principal en
    retraite, chargé du service.
En 1868 et 1869. . . .   Moll, chef de bataillon; Jobst, garde
    principal à la Petite-Pierre.
En 1870. . . . .   Moll, chef de bataillon à Haguenau;
    Jobst, garde principal du génie en
    retraite, chargé du service.

---

*Le père Jobst, qui résidait à la Petite-Pierre, ve-
nait de temps en temps à Lichtenberg. Quant au commandant Moll, je me souviens fort bien de lui, et cela
surtout parce que je l'ai vu pour la dernière fois, le
6 août, entre midi et 3 heures de l'après-midi.*

2° Garnisons.

De 1815 à 1822. . . .   Détachement de la 17ᵉ compagnie de
    fusiliers vétérans (1 officier et 29
    hommes).
En 1823. . . . .   Détachement de la 14ᵉ compagnie de
    fusiliers vétérans (7 officiers et
    29 hommes).
En 1824. . . . .   Le 1ᵉʳ août, détachement du 19ᵉ de
    ligne (2 officiers et 55 hommes);
    le 1ᵉʳ novembre, le 1ᵉʳ bataillon du
    13ᵉ léger (19 officiers et 375 hom-
    mes).
En 1825. . . . .   Le 1ᵉʳ juillet, détachement du 11ᵉ lé-
    ger (1 officier et 42 hommes).
En 1826. . . . .   (?)
En 1827. . . . .   Le 1ᵉʳ janvier, détachement du 20ᵉ
    léger (1 officier et 34 hommes).
En 1828. . . . .   Le 1ᵉʳ janvier, la 2ᵉ compagnie de
    fusiliers vétérans (4 officiers et 53
    hommes).
En 1829. . . . .   (?)
En 1830. . . . .   (?)
En 1831. . . . .   (?)

En 1832.	Compagnie de fusiliers vétérans du Bas-Rhin (3 officiers et 83 hommes).
En 1833.	La 6e compagnie de fusiliers vétérans (158 hommes) avec les compagnies du Bas-Rhin et de la Moselle.
De 1834 à 1839. . . .	Une demi-compagnie : 1 officier et 49 hommes).
En 1840 et 1841. . . .	Une compagnie (2 officiers et 73 hommes) du 34e de ligne, détachée de Strasbourg.
En 1842 et 1843. . . .	Un détachement du 7e de ligne.
En 1844 et 1845. . . .	Une compagnie du 22e léger (2 officiers et 55 hommes).
En 1846 et 1847. . . .	Un détachement du 3e de ligne (1 officier et 35 hommes).
En 1848 et 1849. . . .	Un détachement du 37e de ligne (3 officiers et 64 hommes).
En 1850 et 1851. . . .	Un détachement du 19e de ligne (3 officiers et 83 hommes).
En 1852.	Un détachement du 24e de ligne (1 officier et 40 hommes).
En 1853.	Un détachement du 17e léger (1 officier et 30 hommes).
En 1854.	Un détachement du 31e de ligne (1 officier et 24 hommes).
En 1855.	Le 1er janvier, un détachement de 87 hommes du (?)
Du 1er avril 1855 au 1er décembre 1856.	Pas de garnison.
En 1856.	Le 1er décembre, détachement de 56 hommes et 44 chevaux (*sic*).
En 1857.	Le 1er janvier, 58 hommes.
Du 1er novembre 1857 au 1er janvier 1859. .	Pas de garnison.
En 1859.	Le 1er avril, 61 hommes; le 1er juillet, 121 hommes.
En 1860.	Le 1er janvier, 84 hommes; le 1er juillet, 73 hommes.
En 1861.	Le 1er janvier, 69 hommes; le 1er juillet, 98 hommes.
En 1862.	Le 1er janvier ,92 hommes; le 1er juillet, 111 hommes (3e compagnie du 1er bataillon du 98e de ligne).
En 1863.	Le 1er janvier, 56 hommes; le 1er juillet, 78 hommes.

En 1864.	Le 1er janvier, 73 hommes; le 1er juillet, 70 hommes.
Du 1er novembre 1864 au 1er janvier 1869.	Pas de garnison.
En 1869.	Le 1er mars, 1 officier et 31 hommes du 18^e de ligne; le 1er mai, 1 officier et 31 hommes du 96^e de ligne; le 1er juillet, 1 officier et 34 hommes du 96e de ligne.
En 1870.	Le 1er janvier, 1 officier et 34 hommes du 18e de ligne; le 1er avril, 1 officier et 33 hommes du 96e de ligne (sous-lieutenant Devaux et 2e section de la 1re compagnie du 3e bataillon).

3° Documents divers.

Mémoire du capitaine Guize (1827) sur le fort de Lichtenberg, joint aux projets pour 1827.

1re PARTIE

DE LA SITUATION MILITAIRE DE CE FORT, DE LA DESCRIPTION DE SES
OUVRAGES ET DES DIVERS ÉTABLISSEMENTS QU'IL CONTIENT

Jusqu'à ce qu'il ait été fait un levé de ce fort avec ses environs et un nivellement proportionné à l'étendue des améliorations à projeter, la 1re partie de ce mémoire ne peut être discutée d'une manière complète avec tous les développements désirables qui puissent mettre à même de décider des idées que l'on doit arrêter en principe sur sa situation militaire, le rôle qu'il est appelé à jouer et la juste importance qu'il faut y attacher, qui doivent servir de base et de limite aux projets à proposer sur le poste de Lichtenberg.

S'il avait existé, dans les papiers de ce poste, des documents assez complets et exacts pour faire un bon travail, on se serait déjà occupé de dresser ce plan avec les côtes de nivellement des fortifications et des parties principales du terrain extérieur, où il est nécessaire de juger des pentes et du relief; mais le défaut de ces documents a nécessité l'ajournement de ce travail, qui est cependant si nécessaire, tant à la discussion des projets généraux qu'à leur assiette, quelque resserrées qu'en soient leurs bornes.

A l'époque de 1824, le chef du génie d'alors avait appuyé des mêmes motifs sa demande de fonds pour le lever de Lichtenberg et de ses environs, qui ne fut point admise; la même année, M. l'inspecteur général, dans ses instructions pour 1825, prescrivit le lever du plan général avec courbes de nivellement, en ayant reconnu sur les lieux la nécessité; mais le manque de quelques fonds et le défaut de temps a empêché d'entreprendre ce lever, qui devient encore plus urgent pour 1827 pour pouvoir confectionner le plan de circonscription des servitudes imposées à la propriété.

Pour remplir cette tâche, dans l'article 12 des projets pour 1827 relatifs au bornage, on a compris une petite somme de 100 francs pour pouvoir payer quelques journées de manœuvres à employer au lever du plan général du fort et à son nivellement. Si, comme on l'espère, elle est accordée, on s'occupera de suite de ce lever.

Néanmoins, pour se conformer fidèlement à l'instruction, on va essayer d'exposer d'une manière succincte les idées qui doivent former la base de ce mémoire.

Situation militaire de la place et services qu'elle peut rendre.

La situation du fort de Lichtenberg par rapport à la frontière des Vosges est placée entre Bitche et la Petite-Pierre, à environ 8.000 mètres en avant de la crête des Vosges, où doit être tracée la route militaire de Bitche à Phalsbourg, et à 4.000 mètres de celle d'Ingewiller à Bitche, de sorte que cette position ne se trouve ni sur ces communications ni sur un débouché des Vosges. Cet éloignement de ces routes et de ces débouchés fait que l'on regarde ce fort comme ne pouvant servir à leur défense directe, et dispenser de construire les ouvrages nécessaires pour fermer les passages des Vosges entre Phalsbourg et Bitche. Si, sous le rapport de la ligne des Vosges, Lichtenberg a peu d'influence, il n'en a pas moins une certaine importance sous un autre point de vue, en le considérant comme *poste d'observation* et appui de mouvement contre les partis, tel est le rôle que la commission de défense veut lui faire jouer.

En effet, ce fort occupant la sommité d'un mamelon très élevé, qui est aperçue de 5 à 6 lieues à la ronde, il est, par cela même, très propre à inspirer de la confiance aux détachements de troupes chargées de la défense des divers chemins qui traversent cette partie de la crête des Vosges, qui y verraient un refuge assuré s'ils étaient repoussés par des forces supérieures; en même temps, ce site de Lichtembourg produit un effet contraire à l'ennemi, et favorable aux défenseurs de la frontière, en lui laissant apercevoir de loin une position fortifiée inaccessible qui doit produire sur lui une influence morale qui paralysera son audace et lui imposera de la circonspection dans ses mouvements offensifs.

Si l'on organise un corps de partisans destiné à couper les communications que l'ennemi tenterait d'établir dans ce voisinage, dans l'hypothèse que le théâtre de la guerre serait dirigé sur cette frontière, alors ce fort devient un intéressant poste d'observation pour ces partisans embusqués sous son canon pour se porter à l'improviste sur les convois de l'ennemi; il leur sert en même temps d'excellent appui si, dans leurs excursions, ils viennent à être poursuivis, en courant chercher leur salut sous les murs de ce château, dans le chemin couvert duquel ils trouveront un asile à l'abri d'insultes, par la protection des feux d'artillerie du fort, et où ils trouveront à renouveler leurs munitions, du secours pour leurs blessés et un lieu de dépôt pour leur butin. Enfin, l'ennemi qui voudrait pénétrer par les gorges d'Ingewiller et Zinswiller et même de Niederbronn, en laissant sur ses flancs et ses derrières ce fort pour aller attaquer la crête des Vosges, se verrait obligé d'employer un petit corps d'observation pour le bloquer ou le surveiller.

Ce sont là les services que le fort de Lichtenberg peut rendre en cas de guerre, d'après sa situation militaire, et qui se résument ainsi : de servir d'appui et de refuge aux troupes chargées de la défense des divers chemins qui traversent cette partie des Vosges, ainsi qu'aux corps de partisans destinés à couper les communications que l'ennemi tenterait d'établir, dans son rayon d'activité, s'il réussissait à forcer momentanément cette partie de frontière entre Phalsbourg et Bitche et à gêner l'ennemi dans ses mouvements d'attaque de la crête des Vosges, en l'obligeant à aventurer un corps d'observation autour de ce fort.

C'est sur ce rôle que doit jouer ce poste, qu'on basera la mise en état de ses fortifications et les améliorations à proposer, en ne lui accordant qu'une juste importance, celle de ne le considérer que comme un accessoire utile au système de défense de la crête des Vosges, afin de ne pas se jeter dans des dépenses considérables, et de les borner à celles strictement nécessaires pour le mettre en état de rendre les services que l'on en attend.

Description des ouvrages et des établissements.

Les fortifications de Lichtenberg consistent dans une escarpe qui couronne un rocher d'une figure ovale formant le plateau d'une colline élevée, entourée d'un fossé et d'un chemin couvert en avant avec glacis suivant la pente raide du mamelon, et d'une petite demi-lune pour couvrir la porte.

Cette forme du fort lui donne l'aspect d'une tour fortifiée d'un grand commandement sur son chemin couvert et dominant les vallées et les hauteurs qui l'environnent.

Dans le milieu de cette enceinte s'élève un donjon dont le noyau est un rocher que l'on a revêtu d'une muraille et qui peut servir de réduit.

Le tracé de l'enceinte donné par la nature du rocher sur lequel il est élevé est sans flanquement si ce n'est ceux que procurent les petites saillies dont on a cherché à tirer parti en leur donnant une forme bastionnée; leurs flancs sont percés d'un ou deux créneaux qui découvrent une faible partie de l'enceinte, ce qui est peu efficace, surtout si ces murs de parapet peuvent être détruits de loin, vu leur peu d'épaisseur.

Le pourtour de l'escarpe, dans la plus grande partie de son étendue, est surmonté d'un mur de parapet qui a $0^m,65$ d'épaisseur et $1^m,30$ de hauteur.

Sur une partie de cette enceinte, depuis la cote 9 jusqu'à la cote 3, est établi un parapet en terre adossé à celui en maçonnerie de $2^m,50$ d'épaisseur, pour couvrir l'intérieur du fort des feux d'artillerie du côté du front d'attaque.

Le défaut de flanquement de l'enceinte est racheté en partie par un fort relief qui la met à l'abri de toute insulte. L'élévation de cette escarpe varie de 18 à 21 mètres de hauteur; la partie inférieure est du rocher sur 12 à 13 mètres d'élévation, de sorte que, la partie supérieure venant à être ruinée, il resterait encore 12 à 13 mètres d'escarpement indestructible.

Néanmoins, ce grand relief présente un inconvénient majeur : il empêche que l'on puisse battre les fossés, le chemin couvert et son glacis, de sorte qu'une fois que l'assaillant est arrivé à la queue du glacis, il n'est plus atteint par les feux de la place, attendu que, dans l'état actuel, les murs de parapet commandent de 16 mètres la crête du glacis, et que les coups partant de dessus ces parapets inclinés à 1/6 ne peuvent rencontrer qu'à 200 mètres le terrain environnant, et ne le battre que d'une manière directe, faute de flanquement.

Le fossé de cette enceinte varie entre 10 et 18 mètres de largeur; le tracé de la contrescarpe suit à peu près les inflexions du pied de l'escarpe, mais de manière à éviter les angles rentrants et à ne former qu'un polygone à angles saillants. La hauteur de la contrescarpe est de 4 à 5 mètres et présente un développement de 470 mètres.

Les ouvrages extérieurs de ce château se réduisent à un chemin couvert et à une petite demi-lune qui couvre la porte d'entrée. Ils n'ont pas été multipliés davantage pour que la petite garnison de Lichtenberg puisse suffire à leur défense.

Le chemin couvert enveloppe toute l'enceinte; son terre-plein, à quelques endroits, n'a que 2 ou 3 mètres de largeur, ce qui le fait regarder comme trop étroit relativement à l'usage auquel il doit servir : celui de contenir les troupes qui viendraient se réfugier derrière sa ligne couvrante.

Le tracé de cet ouvrage est brisé de 30 en 30 mètres pour former de petites places d'armes ayant 2 à 3 mètres de flancs. Cette disposition est vicieuse : leur exiguïté les rend incapables de recevoir un réduit, et la défense qu'on s'est proposé de tirer des flancs de ces places d'armes est illusoire à cause de leur rapprochement, n'étant espacés que de 20 mètres, et vu la raideur des glacis, qui est de 4 de base sur 3 de hauteur, ce qui fait que les flancs ne peuvent voir que la sommité des glacis; ces places d'armes ont encore l'inconvénient de porter à leur saillant la crête des glacis trop en avant en raidissant la pente, ce qui dérobe encore davantage le glacis aux vues du corps de place.

Le talus intérieur du parapet de tout le chemin couvert est revêtu d'un mur en pierres sèches à cause de la nature sablonneuse des terres.

Enfin, le glacis est un grand talus à terre roulante qui domine d'environ 30 mètres le terrain montueux et sillonné de vallées profondes qui environne ce fort. Ce fort n'a qu'une seule porte de communication en avant de laquelle est placée la petite demi-lune dont le but est de couvrir et de défendre cette porte contre une surprise et une attaque de vive force que l'assaillant pourrait entreprendre avec succès, vu le grand relief de l'escarpe et le défaut de flanquement qui empêchent le défenseur de battre les approches de cette communication.

Les deux faces de cette demi-lune ont 10 et 14 mètres de longueur à la crête; elle n'a qu'un très petit flanc droit de 3 mètres; son fossé n'a que $2^{m},40$ de largeur au fond; son relief à la crête a 9 mètres au-dessus du fond du fossé et celui de sa gorge, 5. Son parapet est en terre, ayant de 2 à 5 mètres d'épaisseur, soutenu à l'intérieur et à l'extérieur par un mur, ce qui ne suffit pas pour mettre à l'abri du canon. Au-dessus de son mur de gorge est construit un corps de garde; on communique par la face gauche à son chemin couvert au moyen d'un pont-levis, et au corps de place par le pont dormant qui vient aboutir contre le petit flanc droit.

Les défectuosités de cet ouvrage dans l'état actuel annulent l'objet auquel il est destiné parce que tout son intérieur est aperçu du chemin couvert de revers et d'enfilade par les trouées du fossé, de sorte que cette demi-lune tomberait en même temps que le chemin couvert.

Les principaux défauts sont donc le manque de flancs pour couvrir les défenseurs dans l'intérieur du terre-plein des vues depuis les couronnements du chemin couvert, en même temps pour pouvoir défendre son terre-plein et battre le pied de l'escarpe à droite et à gauche.

La faiblesse du parapet et le peu de largeur du fossé sont encore de nouveaux inconvénients qui achèvent de rendre cet ouvrage sans résistance.

Force de la garnison.

La commission de défense fixe la garnison de Lichtenberg à 200 hommes. C'est, en effet, tout ce que ce fort peut contenir avec ses approvisionnements de toute espèce pour faire une bonne résistance.

Cette garnison est suffisante pour sa défense et pour le rôle auquel est destiné ce poste.

Les établissements.

Les établissements que renferme ce fort suffisent pour le casernement de sa garnison et pour y contenir la quantité de vivres et de munitions nécessaires à sa subsistance et à sa défense; ils consistent, pour les abris voûtés :

1º Dans un souterrain voûté à l'épreuve, à côté du passage de l'entrée du fort;

2º Dans cinq souterrains sous le terre-plein du petit bastion nº 1;

3º En un magasin à poudre sous une des plates-formes hautes du donjon, contenant 5.000 kilos de poudre.

Pour les bâtiments non à l'épreuve, ils consistent dans dix bâtiments militaires pouvant contenir, en temps de guerre, 200 hommes avec une manutention pour 200 rations et 200 sacs; caves pour 400 hectolitres, un arsenal, un hôpital avec boucheries et un magasin du génie.

Pour compléter ces établissements, il ne manquerait, à la rigueur, pour le temps de siège, qu'un abri voûté à l'épreuve pour y mettre à couvert la garnison.

2º PARTIE

ETAT DES FORTIFICATIONS

La division adoptée pour les articles permanents étant telle que chaque article comprend une partie de l'escarpe avec le fossé, la contrescarpe, le chemin et le glacis en avant correspondants, on ne rendra pas compte des ouvrages de fortification en suivant la série des articles permanents, afin d'abréger et pour ne pas faire les mêmes répétitions dans chaque article pour la même nature d'ouvrage; en conséquence, on réunira chaque même espèce d'ouvrage ensemble dans le rendement de compte suivant :

Etat des escarpes du corps de place.

Toutes les escarpes du corps de place sont en bon état et n'exigent aucune réparation pour le moment; il a encore été employé cette année une somme de 250 francs accordée par l'article V^e des ouvrages ordonnés aux fortifications, à la recherche du rejointoiement de ces escarpes qui a complété leur mise en état.

Les soubassements de cette escarpe, qui sont des murs de placage contre le roc au-dessus duquel ces escarpes sont assises, sont en mauvais état, une grande partie est en ruine ou est soufflée.

Ces maçonneries ont été abandonnées parce que leur entretien n'avait rien d'urgent et que l'escarpe supérieure pouvait se maintenir quand même les soubassements ne subsisteraient plus. On ne doit pas moins les regarder comme nécessaires pour la conservation future de ce qui existe au-dessus; car ce roc, qui est dépourvu des parements en maçonnerie, par sa nature sablonneuse, se détériore rapidement par la gelée et autres effets de l'atmosphère, et s'éboule par grandes masses, ce qui entraînera un jour les parties supérieures de l'escarpe qui viendraient à porter à faux.

Il faudra donc penser, à l'avenir, quand ce qu'il y a de plus urgent aura été fait, à ce fort, à relever ces soubassements et à entretenir les parties qui sont encore bonnes.

Les murs de parapets au-dessus de l'escarpe n'ont besoin d'aucun entretien jusqu'à ce que le projet général ait été adopté, où il sera proposé de les transformer en murs crénelés de 1 mètre d'épaisseur.

Etat de la contrescarpe du fossé.

La contrescarpe du fossé de l'enceinte est en fort mauvais état; sur un développement de 470 mètres, il y en a 220 d'écroulés dans le fossé, qui ont entraîné le terre-plein : 100 mètres sont soufflés, écorchés et lézardés et menacent ruine, de sorte qu'il n'en reste debout et en bon état que 150 mètres, qui exigeraient d'être entretenus.

On ne propose aucune dépense pour ces contrescarpes jusqu'à ce que le projet général sur le chemin couvert ait été adopté et que l'on ait décidé si l'on doit relever ces contrescarpes ou si l'on préfère les abandonner et les remplacer par un talus à terre coulante.

État du chemin couvert et des glacis.

Le terre-plein du chemin couvert, dans quelques endroits, a été entraîné dans le fossé par la chute des contrescarpes. Les terres qui formaient le massif du parapet ont été entraînées sur la pente fort roide du glacis et le mur en pierres sèches qui forme le revêtement du talus intérieur s'est détruit avec le parapet; de sorte que, dans quelques endroits, tout est au niveau du terre-plein et partout on est à découvert sur le terre-plein.

On ne propose rien pour cet ouvrage jusqu'à l'adoption de son projet d'ensemble.

État actuel de la demi-lune.

La demi-lune a ses escarpes en assez bon état; mais elles exigent un rejointoiement général, et comme cette pièce ne peut changer de forme dans son projet d'amélioration, il est urgent de conserver ses maçonneries; aussi a-t-on proposé pour 1827 un article pour le rejointoiement de son escarpe. La contrescarpe en avant de la face gauche, à côté de la culée du pont-levis, est surplombée et soufflée, et menace ruine sur une longueur de 15 mètres environ; le reste de cette contrescarpe paraît bonne; on propose en 1827 la reconstruction de la partie en mauvais état pour éviter de plus grandes dégradations par la suite, et pour mettre peu à peu en état ces maçonneries qu'il convient de conserver.

Le pont dormant du corps de place a été mis complètement en bon état au moyen de la reconstruction de deux travées qui a eu lieu cette année. Les ponts-levis de la porte du fort et de la demi-lune sont aussi en fort bon état, ayant été refaits les années précédentes.

Le chemin de voitures du fort et la petite rampe du fort au village de Lichtenberg sont entretenus en bon état par le moyen des entretiens courants des fortifications.

État des bâtiments militaires.

Tous les bâtiments militaires de ce fort sont dans l'état désirable pour pouvoir être tous occupés : il a été fait toutes les réparations intérieures aux murs et aux menuiseries, que l'on a renouvelées partout où le besoin l'exigeait. On peut, en général, regarder tous les bâtiments de ce fort comme étant en assez bon état.

Toutes les réparations que l'on a faites aux murs intérieurs et aux menuiseries, qui ont été presque partout renouvelées où le besoin l'exigeait, ont rendu ces bâtiments tous habitables; il ne resterait, pour achever leur mise en état, que de compléter le plancheyage de tous les pans de couverture pour garantir entièrement ces toitures des accidents qu'ils éprouvent chaque année par les grands vents et les neiges. Cette réparation a été déjà faite sur les pans de toitures les plus exposés au mauvais temps; il convient de la continuer maintenant sur les autres pentes, et la mise en état de ces toitures sera complète.

On a proposé, cette année, la conservation de ce plancher sous couverture et la reconstruction des dernières croisées à remplacer aux bâtiments K et F, ce qui complètera la mise en état des menuiseries.

Il ne s'est présenté qu'au bâtiment A une grosse réparation, qui consiste à réparer une brèche à un de ses murs de fondations, et à refaire un angle de mur de pignon lézardé.

Le bâtiment C, magasin du génie, est le seul bâtiment dont l'emploi a fait négliger son entretien, et qui est le plus en mauvais état; son plancher et sa couverture ont besoin de grandes réparations; on propose cette année une petite dépense pour continuer sa restauration et prévenir sa ruine totale.

Coup d'œil sur les améliorations et la mise en état de ce fort.

Projets sur l'enceinte. — Dans la description de l'enceinte, on a fait remarquer les défauts suivants :

1° Qu'elle manque de flanquement;

2° Que les feux qui partent de ses parapets passent beaucoup au-dessus de la crête du glacis et ne peuvent défendre le fossé, le chemin couvert et le glacis;

3° Que les murs de parapet manquent d'épaisseur et qu'ils ne couvrent pas l'intérieur du fort des feux d'artillerie, puisque, sur une grande partie de l'enceinte, il n'y a pas de parapet en terre ou derrière ces murs.

Pour parer à ces principaux défauts et faire en sorte que les ouvrages extérieurs et les approches puissent être défendus par les feux directs de mousqueterie qui sont les seuls que cette enceinte puisse fournir, on proposera, dans le projet général, de créneler les murs de parapet sur tout

le développement de l'enceinte, en disposant la base de la
ligne des créneaux au niveau de la banquette, afin de découvrir le mieux possible le fond du fossé, le chemin couvert et
le glacis.

On donnera à ce mur une épaisseur de 1 mètre pour qu'il
puisse mieux résister aux feux éloignés de l'artillerie; on
fera régner un chemin de ronde tout autour de ce mur
crénelé et on placera en arrière un parapet en terre pour
garantir l'intérieur du fort des feux d'artillerie et, en même
temps, pour y disposer, sur les fronts d'attaque, l'artillerie
nécessaire à la défense de la place pour battre le terrain
environnant.

Projets du chemin couvert. — Le chemin couvert ne remplit pas le but auquel il doit servir; son tracé est tourmenté
et vicieux; enfin, il manque de réduits : ce sont là les défectuosités signalées dans sa description et auxquelles il est
nécessaire de remédier. Il faut encore y ajouter que la contrescarpe est en ruine sur la moitié de son développement.

Il est donc indispensable de projeter l'amélioration et la
restauration du système entier de cet ouvrage.

En conséquence, on proposera, dans le projet général, la
restauration de la contrescarpe en discutant si cette contrescarpe est bien nécessaire dans une fortification sans
flanquement, dont le fond du fossé au pied de l'escarpe est
dénué de toute défense directe et dont le chemin couvert et
le glacis sont difficilement défendus par les feux du parapet
crénelé de l'enceinte, que l'ennemi pourrait ruiner de loin
avant d'entreprendre une attaque de vive force, ou si cette
contrescarpe peut être supprimée et remplacée par un talus
à terre roulante, en considération de la forte dépense dans
laquelle elle entraînerait, et de la hauteur de 20 mètres
d'escarpe qui la met à l'abri de l'escalade.

Les améliorations consisteraient à proposer l'élargissement
du terre-plein du chemin couvert, et de porter sa largeur,
qui n'est que de 2 à 3 mètres, à 7 ou 8 mètres, pour pouvoir
recevoir les corps de troupe qui viendraient s'y réfugier.

On rectifiera le tracé de la crête en supprimant tous les
redans, que l'on remplacera par trois places d'armes assez
spacieuses pour contenir un réduit formé par un tambour
crénelé en maçonnerie, et espacées de manière qu'avec la
demi-lune on puisse flanquer la plupart des pentes du glacis,
surtout sous les développements.

Quant au relief de ce chemin couvert, comme il ne peut
servir à couvrir les escarpes dont le commandement sur la
crête du chemin couvert est de 16 mètres, et que lui-même
domine le terrain environnant de 30 mètres, on se bornera

à le régler de manière à couvrir les défenseurs sur le terre-plein.

Projets pour la demi-lune. — La demi-lune dans son état actuel, comme on l'a déjà démontré, est sans défense à cause de ses imperfections; elle est cependant d'une grande utilité pour couvrir la porte d'entrée du fort et pour flanquer les branches du chemin couvert adjacentes dont elle sert aussi de place d'armes.

Un projet d'amélioration pour cette pièce a été reconnu indispensable; il devra consister :

1° A proposer la rectification de sa gorge, en la portant, suivant le prolongement du bâtiment qui sert de corps de garde, jusqu'à la première pile du pont dormant, à laquelle on rattachera par un mur le flanc droit, de manière à utiliser pour la défense du fossé cette partie de gorge à droite du pont, et pour couvrir l'intérieur du terre-plein des vues du chemin couvert. On voûtera l'espace compris entre l'ancienne gorge et la nouvelle; on percera de créneaux cette casemate pour la faire servir à la défense du fossé; on pratiquera un escalier dans le corps de garde pour communiquer à cette casemate, en fermant les arceaux au-dessus desquels est construit le corps de garde;

2° On proposera le remplacement du parapet actuel en terre, qui est bien loin d'être à l'épreuve du canon, par un parapet en maçonnerie à l'épreuve pour ne pas rétrécir le terre-plein de cet ouvrage, déjà trop exigu, et pour augmenter le relief de l'escarpe, ce qui est convenable, à cause du peu de largeur du fossé que l'on sait n'avoir que $2^m,40$, ce qui expose l'ouvrage à être enlevé par des échelles appuyées sur le sommet de la contrescarpe. Cette considération fera que l'on proposera de porter la largeur à 4 mètres en haut de la contrescarpe, si cela n'entraîne pas dans une dépense disproportionnée.

Projets sur le donjon. — Le donjon, situé au milieu du plateau du fort au-dessus duquel il est élevé de 10 mètres, a l'inconvénient de rendre dangereux l'intérieur du fort du côté du front d'attaque, par les éclats et le retour des projectiles.

Cependant, d'un autre côté, il sert de traverse et de parados pour les défenseurs situés du côté opposé; d'ailleurs, comme il serait difficile et coûteux de raser la masse de roc sur lequel il est assis, il faut, de préférence, le conserver et l'utiliser de la manière suivante, en formant de cette masse un cavalier; pour cela, on rasera l'une des plates-formes hautes au-dessous de laquelle sont situés ceux des souterrains qui sont en ruine; on conservera les souterrains qui servent en ce moment de magasin à poudre, et la partie de donjon ainsi aplanie, on la disposera en cavalier; on essayera aussi de proposer de percer la masse du rocher donjon pour se procurer des abris voûtés qu'il est encore nécessaire d'avoir dans ce fort.

Ce sont là les principales améliorations et restaurations qui doivent servir de base au projet général à présenter pour le fort de Lichtenberg, et auquel on se propose de travailler en 1827.

Fait à la Petite-Pierre, le 25 janvier 1827.

Le Capitaine du génie en chef,
GUIZE.

Vu par le directeur des fortifications,
X***.

Mémoire du capitaine Anselmier (1834).

NOTICE HISTORIQUE SOMMAIRE SUR LA PLACE DE LICHTENBERG DEPUIS LE COMMENCEMENT DES GUERRES DE LA RÉVOLUTION JUSQU'A CE JOUR

Pendant les premières années de la Révolution, le fort de Lichtenberg fut armé et mis en état de siège; mais il paraît qu'il ne fut point attaqué et qu'il n'y fut construit aucun ouvrage nouveau. On ne trouve dans les archives aucun document relatif au rôle qu'il aurait joué à l'époque des premières campagnes.

Depuis lors, les armées belligérantes s'étant éloignées de cette partie de la frontière, on faisait à peine, à Lichtenberg, les dépenses d'entretien les plus urgentes pour conserver l'escarpe du corps de place. En 1810, on en fit un lieu de sûreté pour les prisonniers de guerre espagnols que l'on voulait surveiller plus particulièrement.

En 1814 et 1815, la faiblesse des moyens de défense réunis sur cette frontière permit aux alliés de passer les Vosges entre Phalsbourg et la Petite-Pierre, et ils se bornèrent, en conséquence, à cantonner quelques troupes peu nombreuses pour surveiller le fort de Lichtenberg; il paraît même qu'il ne fut guère resserré, et qu'il demeura étranger aux événements de cette époque.

Mais, depuis 1816, on a senti l'utilité dont ce fort pourrait être pour appuyer les troupes chargées de la défense des divers chemins qui traversent cette partie des Vosges, ainsi

Le Plan du Fort sous Louis-Philippe

Fours, prison d'Etat et partie dépendante du logement du commandant.
Logement du major.
Donjon.
Magasin à poudre.
Chapelle.
Cantine.
Souterrain.
Logement de l'artillerie.
Souterrain de communication du fossé.
Magasin du génie.
Logement de l'aide-major et du chirurgien.
Petit bastion ou guéritte (*sic*) à l'eau.
Souterrain.
Tour ronde.
Tour quarrée (*sic*).
Merlons et embrasures.
Descente au fossé.
et 23. Bastions plats.
24 et 25. Bastions.
Demie (*sic*) lune.
jusqu'à 43. Chemin couvert et place d'armes.
Rampe.
Corps de garde.
Vieux mur de clôture crénelé à la cour du bâtiment coté 3.
Citerne du donjon.
Entrée de' la place.
Latrine.
et 51. Continuité de la voûte de l'entrée.
Puits.
Escalier.
Logement d'un capitaine.
Partie du logement dépendant de celui du commandant au 1er étage.
Corps de garde d'officier.
Plate-forme de la clochette.
Corps de garde de l'armée.
Magasin d'artillerie.

que les corps de partisans qui seraient chargés de couper les communications que l'ennemi tenterait d'établir dans son voisinage (si une lutte s'établissait [*sic*]) pour la défense de la ligne des Vosges entre Phalsbourg et Bitche.

En conséquence, on a commencé à remettre en état l'escarpe de ce fort et à faire les réparations les plus urgentes aux divers établissements qu'il renferme.

La Petite-Pierre, 28 décembre 1834.

Le Capitaine du génie en chef,
ANSELMIER.

Mémoire établi, le 5 octobre 1849, par le garde d'artillerie Meurisse.

Il porte l'apostille ci-après du colonel d'artillerie Dulon :

On admet en principe la construction d'un ouvrage au *Dreispitz*, point où la route arrive sur la crête, au nœud de plusieurs vallons.

En outre, un fort serait nécessaire à Lemberg.

Ce mémoire est le dernier intéressant qui fut établi sur le fort de Lichtenberg, et cela n'a rien d'étonnant : la période de 1849 à 1870 marque une éclipse des idées saines en matière de fortification et de défense de la frontière comme, d'une façon générale, de la plupart des choses militaires.

Quant à la situation du Dreispitz, après bien des recherches, j'ai renoncé à l'identifier : il y a bien un Dreispitz du côté est du fort, mais il ne peut s'agir, en l'occurrence, de celui-là.

CHAPITRE VIII

La vie militaire à Lichtenberg

1° Renseignements donnés par M. le curé Guth :

Après la prise, la garnison fut composée d'invalides. Nombre d'entre eux se mariaient dans le village, et c'est ainsi qu'il se trouve encore actuellement beaucoup de noms français parmi les habitants de Lichtenberg; par exemple, Brockly, Mourton, Schanté, etc..... C'est ainsi encore qu'ils avaient dénommé Picardie une partie du village, et une autre Champagne, noms qui se sont conservés.

Comme conséquence des idées françaises répandues par ces militaires, la Révolution trouva une facile entrée et, pendant des années, les registres du curé ne reçurent aucune inscription; un autre témoin de cette époque est l'inscription qui peut se lire aujourd'hui encore sur la chapelle du fort : « Temple de la Raison ».

Bien qu'elle eût fait les frais d'une transformation du fort selon le système de Vauban, l'autorité militaire ne lui attribuait pas grande importance et souvent il ne fut occupé que par quelques employés militaires. De temps en temps, il y revenait des vétérans qui menaient une existence passablement libre : un peu d'exercice le matin, et l'après-midi ils traînaient dans le village et dans les auberges.

La conséquence en fut une grande corruption dont les registres administratifs fournissent maintes preuves. Le fort avait, par contre, le grand avantage de donner un travail rémunérateur à tous les ouvriers, en particulier aux maçons, à cause des nombreuses réparations qu'il exigeait.

2° Extrait de l'ouvrage Jeancourt, plus sérieux que ne l'annonce son titre et qui paraît s'appliquer au 20ᵉ léger (95° de ligne actuel) :

La garnison du fort de Lichtenberg était fournie par le régiment de Lauterbourg.

Le détachement se relevait tous les deux mois.

C'était le tour de notre compagnie.

Nous parcourions un pays de toute beauté.

Au bout de trois jours de marche, nous arrivons à l'imperceptible village de Lichtenberg, situé au pied de la côte au haut de laquelle était perchée notre garnison.

C'était un château gothique à haut donjon, recrépi et replâtré par des ingénieurs modernes et que les inspecteurs antiquaires à 6.000 francs de fixe et 4.000 francs de frais de tournée viennent admirer de Paris, quoique cette forteresse soit exactement le pendant du couteau de Jeannot, qui avait six lames et trois manches.

Nous eûmes bientôt parcouru la place. Une petite cour, trois corps de logis, l'indispensable chapelle, un corps de garde et un donjon en forment l'ensemble.

Le personnel n'était pas moins curieux. M. Michel, Mme Michel, deux petits enfants qui s'étaient donné le mot pour ne ressembler à personne, pas même à la mère, et dont un troisième plus grand, une maritorne moulée exprès pour faire expirer le cancan dans le gosier des vieilles femmes, un chat, deux gardes, l'un d'artillerie, l'autre du génie, enfin un portier, composaient l'état-major de la place.

La garnison était de 40 soldats et 2 officiers.

« Il faut convenir que nous allons joliment nous amuser ici », dit Arthur lorsque nous quittions notre commandant après les visites d'usage. Avez-vous jeté les yeux sur notre entourage ? Que dites-vous de la dame châtelaine, l'aimable pie-grièche et jeune surtout ! Ne dirait-on pas que c'est elle qui a posé la première pierre du fort ?

— On voit bien qu'elle est à elle seule et tout le sexe et toute l'aristocratie de la place !... »

Nous visitâmes le château, le donjon particulier. Ce qui intéressait le plus, c'était de voir sur un relief une tête qui tirait la langue avec une horrible grimace : c'était, dit-on, le sujet d'une chronique ; on avait voulu représenter un seigneur qui était mort de soif dans cette tour...

Nous prenions nos repas dans le village à l'enseigne du *Goldne-Lœve*, c'est-à-dire le Lion d'or, peint en noir par un adepte de saint Crépin sur une planche qui avait servi de cuvier pendant vingt ans. Nos hôtes, braves et bons paysans, faisaient tout leur possible pour rendre moins désagréable notre séjour chez eux et pour varier la carte du dîner.

En causant avec nous, ils nous apprirent que le curé pourrait nous prêter l'histoire du château : il en avait la chronique en langue latine.

Nous étions bien avec le ministre de la religion et j'eus bientôt l'occasion d'essayer le reliquat de mon érudition. J'avais étudié en simple amateur ; j'avais, pendant neuf ans, gâché du latin. Je fus obligé, cependant, d'avoir recours à la bonne volonté du curé. Il avait une nièce aux yeux bleus et à mine si provocante que ç'eût été un meurtre que d'abandonner mon projet.

De cette façon, je voyais d'ailleurs le moyen de remplir mes lettres, lesquelles étaient alimentées également par M. et Mme Michel dont le ménage eût pu fournir tout un volume. C'était un petit hôpital ou une petite infirmerie.

Le mari attachait à son poste l'importance que jamais d'Eckmühl n'attacha en 1813 à Hambourg. C'était un Atlas chargé du poids des cieux. Au moindre bruit, il tremblait comme la feuille, son fort était surpris ou emporté d'assaut.

Jaloux de son grade, il fournissait matière à la malignité de ses subordonnés. C'était un principe dans la compagnie, si l'on voulait lui faire du chagrin, de l'appeler capitaine.

« Je suis lieutenant du roi », s'écriait-il avec emphase.

Notre commandant remplissait avec une scrupuleuse ponctualité les pénibles devoirs de la place dont l'avait investi la confiance de S. M. Louis XVIII, roi de France et de Navarre, et de S. Exc. le ministre de la guerre.

Il était infatigable :

Le matin, rapport des événements des vingt-quatre heures; à midi, parade; le soir, mot d'ordre.

Il habitait au rez-de-chaussée et c'est par la fenêtre qu'il dictait ses ordres à un caporal pour faire manœuvrer 6 hommes, frais ordinaires de la garde; un tambour unique formait toute la musique et la colonne faisait le tour de la cour et défilait devant son seigneur et maître.

M. Michel était très fort au jeu de dames et nous engageait à aller faire la partie après dîner.

Notre commandant poussait au degré le plus exemplaire la circonspection dans le service. Toutes les semaines, il allait chercher, à 4 lieues de là, la solde de la garnison, soit 150 francs, escorté par 10 hommes.

A côté de ces scènes diaboliques, nous eûmes à déplorer un événement qui faillit être la pomme de la discorde au milieu du bonheur patriarcal de notre commandant. Ce fut un crime de lèse-fleur de lis, cette fleur qui figurait sur un canon ayant été maculée; mais l'enquête n'aboutit pas.

Le règne du bon Michel se continua par une suite de tribulations diaboliques qui exaltaient fort la commandante.

Nous partîmes quelques jours après, heureux de n'être plus à même de faire faire tant de mauvais sang à la tout aimable commandante.

Il me tardait d'arriver à Lauterbourg.

3° Quelques souvenirs d'enfance que je m'excuse d'introduire ici.

Tous les dimanches, les troupiers du fort venaient muser à Ingwiller; la journée finissait généralement par une bataille, et le garde, qu'on appelait « police », se bornait à enlever une épaulette à chacun des combattants, à moins que le schako, en toile cirée, ne tombât dans la bagarre. Je me suis rendu compte depuis que c'était pour prendre le numéro matricule. Le lundi, le lieutenant venait faire une enquête et, le dimanche suivant, ça recommençait.

Une promenade au château constituait la suprême récompense des écoliers studieux; régulièrement, on trouvait les troupiers jouant aux cartes.

Le 15 août, on tirait 100 coups de canon (je pense que c'était 101); je crois bien que c'étaient les fantassins qui s'en acquittaient. Il y avait tout un cérémonial qui impressionnait assez nos cerveaux d'enfants pour ne jamais s'en effacer.

Le canon était placé en haut du fort, derrière le mur faisant face à Rippertswiller; on y fourrait d'abord un petit sac de poudre, puis on bourrait, ensuite un bouchon de paille et de foin par-dessus, et on bourrait encore. Pendant tout ce temps, le servant chargé de faire partir le coup bouchait la lumière avec son pouce; cela fait, il prenait une aiguille et l'enfonçait dans la lumière, remplissait la lumière de poudre fine, saisissait une mèche allumée (il y en avait deux toutes prêtes) et faisait partir le coup en allumant la poudre sur la lumière.

Le docteur Kummer, qui, pendant de longues années, a assuré le service médical de la garnison avec un dévouement qui n'était égalé que par son désintéressement, était très populaire au fort, bien qu'il fût sévère autant que bon homme.

Le 15 août, on lui faisait l'honneur du premier coup de canon : le capitaine ou le lieutenant, je ne sais plus au juste, le prenait par le bras et lui tendait la mèche allumée.

La relève des détachements donnait aussi lieu à émotion dans le monde des petits.

Je vois encore un certain Parisot, qui est resté populaire dans le pays, sous le nom de Sügeyer (violoneux à un sou). Il précédait un détachement qui rentrait à Strasbourg : en traversant le village, il jouait sur son violon, et ses camarades chantaient : « Oh ! adieu, oh ! adieu, oh ! adieu, Lichtenberg. » Avant de quitter le fort, les troupiers écrivaient d'ailleurs partout sur les murs, sur les rochers : « Adieu, Lichtenberg. »

Je raconterai ci-après la petite comédie du changement des canons du fort, qui est restée gravée dans ma mémoire, car elle nous avait tous frappés de stupeur; je crois bien que mon père en pleurait. C'est un exemple entre mille du discrédit dans lequel était tombé le second empire au milieu d'une population qui avait fourni à « l'Empereur premier » ses plus fervents adorateurs et ses plus vaillants soldats.

———

4° Traduction de la brochure : *Wie Schloss Lichtenberg zur Ruine wurde*, par le pasteur Spach.

Après que le château avait été dépourvu de garnison pendant quelques années, au grand dommage des fournisseurs et des aubergistes, une belle journée de la fin de 1868, on vit arriver un petit détachement de soldats du train dans le village et au château, suivi d'une escorte serrée de gamins et de curieux. Le cœur riait à tous.

« Nous allons de nouveau avoir des soldats, disait-on; nous ne pouvons pourtant pas nous passer de soldats ici. Mais pourquoi si peu ? Va-t-il en venir d'autres ? Et quelle idée de mettre de la cavalerie dans un fort ! »

Nous devions l'apprendre bientôt. Les vieux canons furent

extraits de l'arsenal où ils dormaient depuis si longtemps dans l'obscurité, rêvant peut-être du glorieux temps passé, où, sous le grand Empereur, ils crachaient la mort et la destruction dans les rangs des ennemis de tous les pays, ou encore de l'époque plus rapprochée où ils tonnaient, le 15 août, en l'honneur de Napoléon III, faisant trembler, au-dessous d'eux, les vitres du village.

« Ils enlèvent les canons, dit-on dans le village; le château va être complètement abandonné, nous n'aurons plus de soldats. »

Mais un des cavaliers, un beau jeune homme à la fine moustache noire, me déclara qu'on enlevait les canons pour les remplacer par d'autres se chargeant par la culasse.

Aurait-on dès lors, à Paris, reconnu la nécessité de munir le petit fort-frontière de pièces de construction plus récente ?

Il est vrai que, quelques mois après, on vit arriver des canons; mais, en y regardant de plus près, je ne fus pas peu étonné de découvrir que c'étaient les pièces mêmes qu'on avait descendues avec beaucoup de peine par la porte et la pente aussi raides l'une que l'autre. Ce fut en hochant la tête qu'on en parla dans le village, et une conduite aussi inouïe de l'administration militaire donna beaucoup à réfléchir.

Peu après, un beau matin, arriva de la Petie-Pierre une compagnie de ligne, environ 30 à 40 hommes, sous les ordres du sous-lieutenant A... Réjouissance générale dans le village.

Une vie absolument nouvelle régna dans le *Burg* silencieux, qui me parut souvent comme enchanté ou ressuscité lorsque j'y montais pour y prendre mes repas chez le cantinier Weibel.

A l'entrée, va-et-vient, comme autrefois, un factionnaire; dans le corps de garde qui se trouve près du pont-levis, retentissent des rires joyeux; dans la cour, on entend battre les effets ou manœuvrer le nouveau chassepot; à la cantine, on plaisante gaiement.

Il en est de même en bas dans le village, où tout est changé. Les auberges ne sont plus si vides pendant la semaine; de temps en temps, le petit peloton qui forme la garnison traverse les rues, le fusil sur l'épaule, tambour battant, pour aller faire ses tirs au *Todtenberg*.

Le soir, la *retraite* est battue, et le petit monde des jeunes garçons s'efforce, dans ses heures de loisir, d'imiter le tambour, en frappant sur des ustensiles en fer-blanc pendus à leur cou. Les grands garçons, de leur côté, s'appliquent à apprendre les chansons à boire des soldats. Il n'est pas jusqu'à la plupart des jeunes filles qui ne soient prises d'une soudaine envie de se faire remarquer aussi bien dans la semaine en allant à l'herbe au bois que le dimanche soir à la promenade.

Les soldats, généralement deux par deux, une baguette de noisetier à la main et une petite pipe à la bouche, se promènent dans les champs et les bois, riant et plaisantant, cherchant à passer le temps et à se rendre l'existence aussi agréable que possible, dans ce poste de montagne écarté.

Un soir, cinq ou six d'entre eux étaient couchés, dormant à poings fermés, à la lisière du bois, à l'ombre d'un frêne touffu, sur le chemin de Rothbach, lorsqu'en passant, l'idée me prit de les réveiller en criant : « Aux armes ! Les Prussiens ! » Ils bondirent comme frappés de la foudre et me regardèrent d'un air étonné, d'abord un peu fâchés, puis aussitôt riant de bon cœur de cette farce que je pouvais me permettre.

« Ah ! c'est vous, monsieur le pasteur ? »

Qui aurait pu penser alors que le cri que je venais de pousser allait se reproduire avec une aussi effrayante réalité ?

Je prenais mes repas avec le sous-lieutenant qui commandait le détachement, et mon plaisir aurait été sans mélange si les officiers avec lesquels j'étais en relations successivement n'avaient pas été — comment dirai-je ? — si frivoles.

Mon ancienne appréhension de la langue française avait disparu, et, dans cette solitude montagneuse, je n'étais pas fâché de causer de choses et d'autres avec un convive intelligent, en prenant une tasse de café et un bon cigare, ou un verre de bière, sous l'antique tilleul, devant la cantine.

Frivoles, ces messieurs l'étaient presque tous. Après tout, comment aurait-on pu attendre des manières austères de la part de guerriers habitués à la victoire, qui avaient parcouru la moitié du monde, de la Chine au Mexique, et qui s'étaient battus à Sébastopol et Solférino ?

Un d'eux, le lieutenant L..., avait longtemps habité la capitale de la Perse, comme attaché militaire.

Il va de soi que, malgré ces allures, je le répète, frivoles, je cherchais de temps en temps, entre la poire et le fromage, à donner à la conversation une direction plus sérieuse; mais leurs connaissances géographiques paraissaient laisser à désirer. Ainsi, le lieutenant T... me demanda un jour, me montrant la chaîne de la Forêt-Noire, éclairée par le soleil :

« N'est-ce pas, monsieur le pasteur, c'est là l'Autriche ? »

Les connaissances militaires n'étaient guère plus brillantes.

Au printemps de 1869, j'assistai à une revue passée à notre petite garnison par le général Ducrot, accompagné d'un général d'artillerie. Mais les mouvements exécutés furent moins que réussis, et le général Ducrot, irrité, donna l'ordre au lieutenant L... de prendre un chassepot et d'en montrer le maniement à ses hommes. Le lieutenant L... n'avait peut-être pas touché un fusil depuis des années, et il se montra si gauche que le général Ducrot, décidément furieux, déclara la revue terminée.

Quant à savoir s'il félicita ensuite le lieutenant L..., c'est douteux, car celui-ci faisait une mine passablement piteuse.

Etant à proximité, j'entendis le général Ducrot et l'autre général parler de batteries qu'il y aurait lieu d'établir. Ce dernier dit :

« L'ennemi viendra de toute façon par l'ouest; c'est donc ici qu'il faudrait établir une batterie. »

Quel ennemi ? pensai-je; devons-nous avoir la guerre ? et avec qui ?

Et, de fait, il ne s'écoula pas longtemps que les travaux projetés ne fussent exécutés. Mais dans quel but ?

De tous les sous-lieutenants qui se succédèrent ici, celui que j'appréciais le plus était un homme de 36 ans, nommé Devaux, qui faisait une brillante exception.

C'était un homme silencieux, aimable, d'une culture générale très développée, un bel officier, aux yeux quelque peu sérieux et aux manières douces. Tout ce qui était grossier lui déplaisait souverainement. Ainsi, par exemple, un jour que, dans une pièce voisine, ses sergents, très bruyants à table, malgré ma présence, n'obéirent pas de suite à un avertissement, il se leva et fit chercher la garde.

Devaux descendait rarement au village : il préférait rester chez lui et travailler. A table, au lieu de parler de souvenirs de guerre, de chiens, de chevaux, il ne dédaignait nullement de dire son mot, toujours sérieux et judicieux, sur quelque événement politique et même religieux du jour. C'était à l'époque du plébiscite, et plus d'une fois je le vis hocher songeusement la tête au sujet de la situation en France.

Il ne paraissait pas fortuné et laissait souvent entendre que, dans certains cas, l'état d'officier pouvait être appelé une misère dorée.

Tous les soirs, après le repas, il m'accompagnait, avec l'amabilité française, jusqu'à la porte du fort et rentrait ensuite pensivement chez lui.

Quel dommage que cet aimable homme ne pût pas rester plus longtemps ici ! Qu'est-il devenu ?

2e PARTIE

BOMBARDEMENT DE 1870

CHAPITRE IX

Rôle du fort

Dernier mémoire.

La frontière entre la Moselle et le Rhin est défendue, du côté de la Bavière, en première ligne par Bitche, Wissembourg, Lauterbourg; en arrière, par les postes fortifiés de Lichtenberg, la Petite-Pierre et la place de Phalsbourg. Lichtenberg aurait donc pour but de s'opposer au passage d'un corps ennemi d'Alsace en Lorraine. Il n'est susceptible d'aucune action contre un corps qui, venu de Mayence ou Landau, marcherait sur Strasbourg, après avoir percé ou tourné les lignes de la Lauter (*sic*).

Il ne saurait davantage agir contre des corps qui, par Pirmasens et Deux-Ponts, tourneraient les Vosges et, remontant la vallée de la Saar, se dirigeraient vers Nancy.

Le fort est d'une trop faible capacité pour renfermer une garnison de quelque importance. Tout ce qu'on peut attendre de lui, c'est qu'il serve momentanément de refuge à des corps de partisans faisant la guerre dans les montagnes, harcelant sur ses flancs une armée qui opérerait dans la Basse-Alsace ou la Lorraine.

Il peut servir de *magasin* et recevoir des munitions et des vivres.

Sa position sur un piton isolé le met à l'abri d'un coup de main, son escarpe de rocher le protège contre l'escalade; une garnison peu nombreuse et un armement peu considérable peuvent tenir des détachements à distance ou les forcer à amener du canon s'ils veulent s'emparer de ce passage des Vosges.

Le canon du fort peut battre les routes d'Ingwiller, de Bouxwiller, de Baerenthal, les approches de Reipertswiller.

Le plateau de *Lerchenkopf* et les vallons qui l'environnent sont soumis à son feu, et des colonnes qui défileraient de Wissembourg vers Saverne, en passant par Ingwiller, seraient en prise à son artillerie.

En résumé en se plaçant dans la situation de 1870, on demandait au fort deux offices :

1° Harceler. Cet office, qui revient à celui de point d'appui de défense mobile, aurait pu être intéressant, soit au début de la guerre, soit pendant la guerre, si, à un moment donné, un corps de partisans s'était brusquement jeté dans le fort, ce qui était parfaitement possible : Je ris encore en me remémorant la panique épouvantable des services de l'arrière de la III° armée allemande provoquée par l'apparition sur la lisière d'un bois d'une paysanne en costume alsacien qui fut prise pour un turco; une autre panique, causée par le farceur Mayer Luis, jouant sur son piston l'air célèbre de Fra Diavolo..... *J'en passe et des plus comiques.*

Mais ce rôle dépendait essentiellement de l'effectif de la défense mobile.

Or, dans la situation du début de la guerre, la garnison était du dixième de l'effectif prévu, et si ce dernier effectif fut atteint, ce fut par le plus énorme des hasards.

2° Canonner. Cet office dépend uniquement de la valeur et même de la portée seulement de l'armement, on va voir pourquoi :

Le fort, situé dans l'angle de la route qui traverse les Vosges d'Ingwiller à Lemberg, par Wimmenau, et de la route qui en longe le pied d'Ingwiller à Niederbronn par Rothbach, bat la première à 4.500 mètres et la deuxième à 3.500 (cette dernière étant la

*plus intéressante dans la situation créée par la ba-
taille de Fræschwiller).*

*Il est certain que, sans l'aberration qui avait présidé
à la fixation de son armement (qui ne comportait que
du 12 lisse, alors qu'il aurait fallu deux canons de
24 long), le fort de Lichtenberg aurait pu remplir efficacement le deuxième office que lui attribuait le mémoire de la commission de défense : l'armée du prince
royal aurait été retardée dans sa traversée des Vosges, et qui sait ?...*

CHAPITRE X

Description du fort

*Le fort de Lichtenberg présente la forme d'une el-
lipse dont le grand axe est orienté de l'ouest à l'est.*

*Il offre de frappantes analogies avec celui de Guise
et avec celui de Saint-Jean-Pied-de-Port.*

Un chemin couvert entoure le fort.

Des saillants, numérotés de 13 à 26, forment une suite de
petites places d'armes.

En arrière du chemin couvert est un fossé.

En arrière, l'enceinte du fort.

Quatre petits bastions, numérotés 1, 2, 4, 5, forment des
saillies qui flanquent imparfaitement le fossé.

D'autres saillies moins prononcées, numérotées 3, 6, 7, 8,
9, forment quelques angles à l'escarpe du fort.

L'enceinte ne tire ses flanquements que de ces saillies
que présente le rocher que l'on couronne.

L'escarpe est munie, de place en place, de machicoulis
permettant de battre le pied de l'escarpe.

Au centre de l'ellipse se trouve le donjon et une plate-
forme élevée sous laquelle est un souterrain voûté à
l'épreuve. A part ce souterrain, il n'y a, en fait d'abris, qu'un
autre souterrain sur le côté ouest.

On arrive dans le fort, soit par le saillant 16 du chemin
couvert, après avoir traversé le village de Lichtenberg et
longé la partie nord de la hauteur par le chemin dit, autrefois, Kutscherweg, soit en tournant à droite à la sortie du
village pour arriver, par l'ouest, sur la porte et l'entrée du
fort.

La porte, située sur le côté ouest, est taillée dans le roc
et couverte par une demi-lune.

Le fossé du corps de place a des largeurs différentes, de
10 à 18 mètres; celui de la demi-lune n'a que 3 mètres. La
contrescarpe a de 4 à 5 mètres de hauteur.

Le chemin couvert a une largeur qui varie de 3 à 8 mètres;
le talus intérieur de son parapet est revêtu en pierres sèches.
Le fossé est à 22 mètres au-dessus du village.

Du fossé au rempart, il y a 20 mètres.

Hauteur du donjon : 19 mètres.

En tout : 61 mètres.

La hauteur d'escarpe varie de 18 à 21 mètres; la partie inférieure de ce revêtement est du rocher sur 12 à 13 mètres d'élévation.

Un simple mur d'appui, de 1^m,30 de hauteur et de 0^m,65 d'épaisseur, forme le parapet du fort sur tout son développement, à l'exception de la partie au nord, située en face du plateau, à la vérité beaucoup plus bas que le chemin couvert, mais plus élevé que le restant du terrain environnant et qui, pour cette raison, est considéré comme le point d'attaque.

Aussi, en cet endroit, on a appuyé le mur d'un parapet en terre de 2^m,50 d'épaisseur.

En résumé, il n'était plus question d'ouvrage au Dreispitz, ni d'action extérieure, mais simplement de mettre le fort à l'abri d'un coup de main et de lui permettre de battre les routes environnantes et le plateau de Lerchenkopf.

Or, même dans cet ordre d'idées réduit, il n'y avait rien de fait, ni rien de possible avec les moyens existants.

Le lieutenant du génie chargé de faire la reconnaissance du fort avant l'attaque, le 9 août 1870, déclara que le fort était absolument à l'abri d'un assaut, grâce à son fossé taillé dans le roc, de plus de 7 mètres de profondeur, avec escarpe verticale.

La porte principale du fort, très bien masquée, ne peut être battue par l'artillerie.

C'est à peu près, mot pour mot, ce que dit le général de Sévelinges, chargé de faire le rapport présenté au conseil d'enquête, après la guerre (voir ci-après).

Quant à la défense de la ligne des Vosges, le rôle du maréchal Mac-Mahon consista surtout à l'empêcher, hélas ! comme la destruction des tunnels.

Description du fort, par le sous-lieutenant Archer.

Le fort et le village de Lichtenberg sont situés sur les premiers contreforts du versant oriental des Vosges, environ à 58 kilomètres de Strasbourg, et à 24 de Haguenau, au nord-ouest de ces deux villes. Ils occupent le centre d'une vallée très accidentée traversée par un affluent de la Moder, le Rothbach, qui prend sa source à une petite distance du village de ce nom.

A l'ouest, le fort est dominé par la grande ligne des Vosges.

A l'est, par un contrefort qui, se détachant de la grande ligne, sépare la vallée de Lichtenberg de la grande plaine du Rhin.

Au nord, par un deuxième contrefort perpendiculaire à la grande ligne et de l'autre côté duquel est situé le fort de Bitche à environ 19 kilomètres.

Enfin, au sud et au sud-ouest, par un troisième contrefort dans lequel on aperçoit la Petite-Pierre à environ 11 kilomètres.

Ces différents contreforts forment plusieurs mamelons d'une altitude variant entre 400 et 600 mètres et sont éloignés d'une distance de 1 à 6 kilomètres du fort. Ils sont entièrement boisés et quelque peu cultivés vers leurs bases. On arrive à Lichtenberg, en venant soit de Strasbourg, de Saverne ou de Haguenau, par une route carrossable et assez bien entretenue passant à Ingwiller. Cette route, après avoir laissé le village et le fort sur sa droite, va rejoindre la route de Bitche à Sarreguemines.

Wimmenau, petit village de 3 à 400 habitants, situé à 2 km. 500 du fort, est traversé par la route dont il vient d'être parlé et par un autre chemin vicinal qui va aboutir à Niderbronn en passant par le village de Rothbach.

Le fort de la Petite-Pierre n'est relié à celui de Lichtenberg que par un chemin à travers bois, passable pour l'infanterie et la cavalerie, mais offrant quelques difficultés pour l'artillerie. Les voitures prennent la route d'Ingwiller. La distance la plus rapprochée du fort à la frontière bavaroise est d'environ 15 kilomètres. Le bureau télégraphique le plus à proximité est à Niderbronn, distant de 14 kilomètres.

Pour en finir avec la description des environs du fort, nous ajouterons que la vallée de Lichtenberg n'avait et n'a encore qu'une importance très secondaire pour une armée ennemie cherchant à pénétrer en France par le nord de l'Alsace, ainsi que l'a fait la IIIe armée allemande, dite armée du Sud. On peut donc négliger cette vallée sans avoir à s'inquiéter de la petite place qui la commande, laquelle, avec la faible garnison qu'elle peut contenir, pourrait tout au plus occuper autour d'elle une demi-brigade ennemie.

Le village de Lichtenberg s'étend au pied d'un mamelon très abrupt, au sommet duquel est bâtie la forteresse; cette localité, qui compte une population de près de 1.000 habitants, est généralement pauvre et ne possède aucune industrie; elle se livre, en grande partie, à la culture des champs et aux coupes des forêts lorsque l'Etat les fait entreprendre; ses principales ressources sont tirées de localités beaucoup plus importantes, d'Ingwiller (6 kilomètres) à l'embranchement des routes de Strasbourg, Haguenau et Saverne, de Bouxwiller et de la Petite-Pierre. Elle ne possède même pas de médecin (celui d'Ingwiller était chargé du service de santé de la troupe casernée au fort).

Ce dernier domine donc le village au nord; un petit sentier très raide, qui n'est accessible qu'aux piétons, conduit au pied du rocher circulaire sur lequel ont été disposés les bâtiments qui composent la forteresse. Une route en circuit a été construite autour du mamelon pour donner accès aux voitures; elle vient aboutir, comme le sentier, à l'entrée du premier pont-levis qui précède le fossé d'une largeur de 8^m,50 sur 2 mètres de profondeur. On traverse ce fossé sur un pont en pierre, de l'autre côté duquel se trouve un deuxième pont-levis, suivi d'une grosse porte massive qui ferme l'entrée du couloir conduisant sur la plate-forme.

Les quelques notes que j'ai pu trouver dans les archives de la place faisaient connaître que sous le premier Empire et plus tard, sous les gouvernements qui lui succédèrent, le génie militaire, après avoir fait raser les anciens bâtiments, en construisit de nouveaux, tels qu'ils existaient au début de la guerre avec la Prusse, et ne laissa subsister que le donjon qui s'élève au centre de la plate-forme.

Ces nouvelles constructions consistaient en deux casernes pouvant contenir une garnison de 60 et, au besoin, de 100 hommes, des logements pour les officiers, dont un pour le commandant du fort et le commandant du génie lors de ses inspections, un pavillon pour le portier-consigne, un autre pour la cantine, des fours, un magasin, une infirmerie et, enfin, une chapelle. Mais — chose intéressante à noter — on avait oublié de prévoir que de bonnes casemates creusées dans l'intérieur du rocher et même du donjon devenaient d'une nécessité absolue en cas de siège. Il est vrai qu'il existe d'anciens caveaux dans la partie est du fort et qu'on les avait sans doute jugés suffisants pour mettre à l'abri une faible garnison (cependant, pendant le bombardement, c'est à peine s'ils purent contenir les quelques tonneaux de poudre et de munitions que j'avais encore en ma possession et les nombreux blessés qui durent évacuer l'infirmerie incendiée).

La plate-forme est entourée de parapets en pierre de taille d'une hauteur de $0^m,80$ et d'une épaisseur de $0^m,50$, seuls abris pour protéger les défenseurs du feu de l'artillerie et de l'infanterie ennemies. Encore ces parapets, n'ayant pas été mis en état depuis fort longtemps, ne pouvaient présenter qu'une bien faible résistance à des projectiles de siège tels que ceux que possède l'artillerie prussienne.

Derrière ces parapets, à l'est et au sud du fort, il existait encore, à mon arrivée, d'anciens ouvrages en terre, qui servirent à la construction de nouveaux retranchements que je fis commencer sous la direction du maréchal des logis d'artillerie, lesquels, malheureusement, je n'eus pas le temps de faire achever. Du sommet du donjon, qui peut avoir une hauteur de 12 à 15 mètres au-dessus des bâtiments du fort, et 30 mètres au-dessus du mamelon, on peut apercevoir, à travers les cols qui relient entre eux les différents contreforts dont nous avons parlé plus haut :

A l'est, la grande plaine du Rhin;

Au sud-est, Strasbourg et Haguenau;

Au nord-est, une partie du champ de bataille de Frœschwiller, et, au delà de Frœschwiller, la vallée de la Lauter, dans laquelle est situé Wissembourg.

Enfin, au sud-ouest, le fort de la Petite-Pierre.

Un puits, creusé dans l'intérieur du donjon, contient des eaux de réserve; un autre puits très considérable, situé audessous des bâtiments, sert à l'usage journalier de la garnison; dans les temps de sécheresse et lorsque l'eau vient à manquer dans le village, les habitants ont recours aux réserves du fort. Ces deux puits sont alimentés par les eaux de pluie.

Garnison prévue.

Mémoire de la commission mixte du 30 mai 1866 (décision du 13 septembre 1867) :

200 hommes, dont 150 d'infanterie, 40 d'artillerie, 10 du génie.

Armement prévu.

Mémoire de la commission mixte précité :

1° Sur la terrasse à gauche de l'entrée du fort, saillants 7 et 8, pour battre les routes et les abords du village de Reipertsviller : 2 canons de 12 de place rayés sur châssis, 1 obusier de 16 lisse;

2° Sur la place d'armes comprise entre le saillant 9 et le massif de terrain adossé à la tour H, pour battre la route de Bouxwiller et fouiller les vallons : 2 canons de 12 de place rayés sur châssis, 1 obusier de 16 lisse;

3° Sur le terre-plein au saillant 2, pour battre le *Lerchenkopf* et les chemins de Rorbach : 2 canons de 12 de place rayés sur châssis, 1 obusier de 16 lisse.

Procès-verbaux des 8 et 9 novembre 1869 :

1° 1 canon de 12 de place, 1 obusier de 16 lisse;

2° 1 canon de 12 de place, 1 obusier de 16 lisse;

3° 2 canons de 12 de place, 1 obusier de 16 lisse.

En outre, 2.950 kilos de poudre en 59 barils, 100.800 cartouches en 35 barils.

Dans le mémoire de 1866, on lit :

Il n'y a pas de point d'attaque présumé. On ne suppose pas d'attaque régulière et, par suite, il n'y a pas à évaluer la durée du siège. Il n'y a ni réserve, ni batterie mobile.

Les bouches à feu recevront l'approvisionnement des forts hors d'attaque des places de 3ᵉ classe. Les poudres peuvent être placées dans des souterrains voûtés à l'épreuve; leur capacité est de 6.000 kilos.

Enfin, le service de l'artillerie ayant évacué Lichtenberg, le matériel de ce fort est conservé à Strasbourg, d'où il serait, le cas échéant, expédié avec des approvisionnements et un personnel convenable.

Rien ne fut fait, même dans les conditions réduites du procès-verbal de 1869, et l'armement resta composé de 4 des 6 canons obusiers de 12 lisse qui se trouvaient dans le fort depuis longtemps et de 3 obusiers de 15 ou de 16 lisse. Il reste à noter que le mémoire de 1866 était signé :

Général BERTRAND, commandant l'artillerie de la 6e division militaire;

Colonel DE FLEURANS, directeur d'artillerie à Strasbourg;
Colonel SABATIER, directeur des fortifications à Strasbourg;
Lieutenant-colonel CHARRIER, commandant le génie;
Commandant BERGÈRE, faisant fonctions de sous-directeur d'artillerie;
Commandant LAFFON DE LADÉBAT, chef d'escadron.

Les procès-verbaux de 1869 sont signés :

Le chef de bataillon commandant le génie MOLL;
Le lieutenant-colonel commandant de l'artillerie MENGIN.

Je me souviens d'une conversation que mon père eut, un soir, avant la guerre, avec le commandant de Ladébat, et où j'entendis, pour la première fois, les mots de guerre et de défense des Vosges.

ARCHER (EN 1872)

CHAPITRE XI

Mise en état de défense

Mémoire et rapport du sous-lieutenant Archer.

Le 26 juillet 1870, la 1re compagnie du 4e bataillon du 96e de ligne (ce régiment était en garnison à Strasbourg depuis deux ans) fut désignée pour occuper les deux petites forteresses de la Petite-Pierre et de Lichtenberg; ces deux places venaient d'être évacuées par une des compagnies des bataillons de guerre du même régiment; elle devait rejoindre ce dernier pendant sa marche vers la frontière.

La 1re section de cette compagnie, sous le commandement du capitaine Mouton, ayant sous ses ordres le sergent-major Bœltz (le même qui, quelques jours plus tard, prit le commandement du fort de la Petite-Pierre, au départ du capitaine sur l'hôpital de Phalsbourg) prit possession du premier de ces forts, et la 2e section, commandée par le lieutenant Cacciaguerra, occupa Lichtenberg.

Ces deux détachements n'étaient composés que des cadres (1 sergent, 4 caporaux, 1 tambour) et devaient recevoir incessamment un certain nombre de soldats de la réserve, qui arrivaient au dépôt, à Strasbourg, pour y être armés et équipés.

Le 29 juillet, le 3e bataillon, dont je faisais partie, était campé aux environs de Soultz-sous-Forêts; dans l'après-midi du même jour, il devait se diriger sur Wissembourg, lorsque je reçus l'ordre de conduire un détachement de 42 hommes destinés aux forts de la Petite-Pierre et de Lichtenberg (ces 42 hommes, qui auraient dû être dirigés directement sur ces deux places, avaient été, par erreur, dirigés sur les bataillons de guerre, en même temps qu'un contingent de 400 hommes de la réserve que leur envoyait le dépôt).

Le lieutenant qui commandait à Lichtenberg ayant été rappelé à Strasbourg pour y occuper les fonctions d'officier d'habillement au dépôt du corps, je devais le remplacer provisoirement dans son commandemant jusqu'à ce que le 4e bataillon, qui se trouvait à Strasbourg, ait pourvu à son remplacement définitif. Je me mettais en route à 4 heures du soir et arrivais à 7 h. 1/2 au fort de Lichtenberg. Les 21 hommes destinés à la Petite-Pierre y furent conduits le lendemain matin par un sous-officier.

Le soir même, j'informais de mon arrivée le général Uhrich, commandant à Strasbourg, et le priais, en même temps, de pourvoir à mon remplacement, afin de pouvoir rejoindre ma compagnie le plus tôt possible.

Mais cette dernière lettre, ainsi que plusieurs autres que j'adressai par la suite à Strasbourg, soit pour ce motif, soit pour d'autres, relatifs à l'organisation de la défense de la place, demeurèrent sans réponse, et depuis ce jour, 4 août, nous fûmes dans une complète ignorance de tout ce qui pouvait se passer à quelques kilomètres du fort.

Je trouvai au fort un petit détachement de 5 hommes du 5e d'artillerie, commandé par le maréchal des logis *Fonvielle;* ce dernier était arrivé de Strasbourg le 22 juillet avec mission d'y faire les travaux nécessaires afin de pouvoir utiliser, aussi efficacement que possible, les sept vieilles pièces de canon dont le fort était armé.

Dès mon arrivée dans la place, j'en passai une inspection minutieuse pour m'assurer des moyens de défense qu'elle contenait et des travaux qu'il y aurait à exécuter pour la rendre à même d'opposer une résistance des plus sérieuses à l'ennemi, dans le cas d'une mauvaise fortune de nos armes, ce que nous ne présumions guère à ce moment-là.

Comme munitions de guerre, je pus m'assurer qu'elles étaient à peu près nulles, si ce n'est 4 tonneaux de poudre à canon, 8 caisses de cartouches chassepot et quelques boulets creux non chargés dont je fus obligé de faire fermer l'orifice au moyen d'un bouchon en bois; une centaine d'obus complétait : encore ces derniers, sans fusées, ne pouvaient être utilisés qu'avec des pièces rayées, et celles dont le fort était armé n'étaient que de vieilles pièces à âme lisse, de différents calibres, qui ne pouvaient produire qu'un médiocre effet en présence de la longue portée de l'artillerie ennemie. En outre, je ne trouvais ni gargousses, ni fusées et aucun ustensile qui aurait pu me permettre d'en faire fabriquer par le maréchal des logis au moyen de la réserve de poudre déposée dans les caveaux.

Quant aux vivres, le fort ne possédait qu'une trentaine de caisses de biscuit qui étaient arrivées dans la place en même temps que moi.

A la suite de cette inspection, je m'empressai d'adresser un rapport exact de la situation à M. le général commandant la 6e division militaire à Strasbourg, de qui je dépendais, et lui demandai des instructions relativement aux réquisitions en travailleurs et en vivres que la nécessité m'obligeait de faire dans les villages avoisinant le fort.

A ce rapport urgent il ne fut absolument rien répondu, si ce n'est ce que j'aurais à faire dans le cas où je recevrais des prisonniers ennemis, et que, sous peu, je serais sans doute relevé par un détachement de la garde nationale mobile qui commençait à se réunir à Strasbourg.

Je demandai des munitions d'artillerie et de chassepot : on me répondit que les gardes du génie et d'artillerie de la Petite-Pierre allaient recevoir des ordres pour se transporter à Lichtenberg et juger, par eux-mêmes, de ce qu'il y aurait à faire pour mettre la place en état de défense et l'approvisionner. Je ne les ai jamais vus.

Comme place de première ligne, étions-nous en état de siège ? Aucun ordre ne le précisait, et cependant cette mesure était indispensable, puisque, sans elle, je n'avais aucun droit pour réquisitionner.

Ce n'est que le 7 août, à 10 heures du soir, alors que nous venions de perdre les sanglantes batailles de Wissembourg et de Frœschwiller, qu'un exprès m'apporta une dépêche, datée du 5, me prévenant que la place était en état de siège et qu'un capitaine de l'état-major des places était envoyé de Paris pour en prendre le commandement. (Cette dépêche a disparu dans l'incendie du fort avec les autres archives.)

Dès le 4 août, voyant que je serais à peu près livré à mes propres ressources, je ne négligeai rien pour activer, autant que le permettait la petite garnison que j'avais sous mes ordres, les travaux de défense; hors les moments d'exercices (sur mes 21 hommes, 16 — classes 1863 et 1864 — n'avaient jamais appris la manœuvre du chassepot), tout le détachement secondait le sous-officier d'artillerie pour exécuter, au plus vite, les retranchements en terre destinés non seulement à abriter les pièces, mais, en même temps, mes tirailleurs, car je prévoyais que les parapets seraient impuissants à cet usage. Des gabions servirent à les rendre plus solides et aussi à remplacer la terre que je ne pouvais faire transporter dans le fort que très difficilement.

D'un autre côté, quelques ouvriers civils, sous la direction du casernier, furent employés aux travaux extérieurs de la place, c'est-à-dire au placement des palissades destinées à protéger les abords du fossé. Mais, comme je l'ai déjà dit, tous ces travaux restèrent inachevés par suite des circonstances précipitées qui amenèrent l'investissement de la place dans un moment où tout le monde se plaisait déjà à croire aux brillants succès de nos armées.

Au milieu de ces occupations et dans l'ignorance complète

de la position de notre armée, le bruit lointain du canon se fit entendre et, du haut de notre observatoire, au moyen d'une longue-vue que je pus me procurer dans le village, je jugeai que l'action devait se passer dans la direction de Wissembourg.

Ce bruit sourd, qui nous arrivait comme un éclat prolongé, ne cessa que le soir, et, le 5 au matin, un garde forestier venant de Soultz nous apprit qu'une partie de l'avant-garde (général Douay) du 1er corps d'armée venait de subir un échec et que, d'après les renseignements qu'il avait pu obtenir, ce corps opérait sa concentration dans la direction de Reichshoffen. Il était donc à présumer qu'une nouvelle lutte allait s'engager tout près de nous et, qu'en cas d'un nouvel échec, nous allions être bloqués immédiatement.

Dans cette fiévreuse attente, je fis activement pousser les travaux jour et nuit; je relevai le moral de mes hommes, déjà un peu éprouvé par cette mauvaise nouvelle, en leur faisant espérer qu'une brillante revanche du maréchal Mac-Mahon allait bientôt nous permettre de rejoindre nos frères d'armes dans leur marche en pays ennemi.

Quoique sans ordres, je n'aurais pas hésité à faire les réquisitions réglementaires; mais le pain manquait absolument dans la pauvre localité de Lichtenberg. En prévision d'un blocus plus ou moins long, je fis demander des farines au fournisseur, qui demeurait à Ingwiller, en même temps que toute la viande ou lard salé qu'il pourrait se procurer; mais rien n'arriva, et même, depuis le 5 au soir, il cessa ses distributions journalières de pain, et nous fûmes obligés d'entamer le biscuit de réserve.

Faire monter dans le fort des animaux vivants, cela n'était guère possible, car il était dépourvu d'écurie et un trop grand nombre de bestiaux n'aurait fait que gêner la défense; cependant, je me procurai une quinzaine de têtes de bétail que je laissai dans le village et que j'avais toujours le temps de faire monter dans le fort lorsque l'ennemi tenterait de s'emparer du village.

Traduit de la brochure Spach :

La guerre est déclarée ! Comme l'éclair dans un ciel pur, cette nouvelle, pleine de conséquences, se répandit dans nos montagnes.

« La guerre ? disaient les gens. Pourquoi la guerre ? Ne nous a-t-on pas dit que si nous votons oui, ce sera la paix ? »

Et maintenant, c'est la guerre; avec qui ? Avec les Prussiens ! Mais les Prussiens sont forts et tirent vite; on l'a vu en 1866.

Tous étaient ébahis. Non, pas tous. Il y avait des gens qui paraissaient s'attendre à quelque chose de semblable, qui étaient contents qu'on attaquât les Prussiens, et, cela va sans dire, qu'on les mît à la raison. La garnison accueillit la nouvelle de la déclaration de guerre assez fraîchement.

Devaux parlait, avec une mine pensive, d'une campagne contre les Prussiens. Quant aux soldats, malgré leur désir d'aller à Berlin, ils n'en sont pas autrement contents; c'est que les rênes de la discipline, quelque peu relâchées, sont tout à coup reprises d'une main ferme.

La sentinelle ne peut plus, comme sous les lieutenants L... et T..., monter sa faction une baguette à la main, ou même, comme je l'ai vu souvent, en se couchant, la pipe à la bouche, à l'ombre d'un mur; c'est le fusil à la main et sac au dos qu'on prend la garde maintenant ! Adieu ! la vie de fainéant, les allées et venues sans but, la continuelle flânerie sur le rempart.

Il faut maintenant piocher aux batteries ou faire des gabions, et l'officier commandant a tout son temps pris par la surveillance des travailleurs et la réception et l'expédition des rapports.

Il arrive de pleines charrettes de pelles, de pioches et de sacs à terre et même, en toute hâte, 6 (je dis 6) artilleurs pour achever les batteries. Mais pourquoi si peu d'artilleurs ? Il y a 8 canons : cela ne fait même pas un homme par pièce; Strasbourg ne peut-il donc en fournir que 6 ?

C'est à l'imprévoyant ministre de la guerre Lebœuf qu'il faut le demander; lui déclarait la France *archiprête*.

Quoi qu'il en soit, nos 6 canonniers se mirent au travail de bon cœur et sans arrière-pensée, et, le soir, leur besogne faite, ils descendaient, sérieusement et silencieusement, comme c'est l'habitude des artilleurs, au village, boire un verre de bière; ils demeuraient étrangers au spectacle, souvent insupportable, que donnaient les autres soldats à l'auberge située vis-à-vis du presbytère.

Un matin, comme je traversais le vallon vers Bouxwiller, je rencontrai une grande voiture chargée de petits barils sur lesquels un soldat était couché et dormait. Un gendarme galopait en avant. Les barils contenaient, suivant ce que je sus ensuite, 7.000 kilos de poudre pour notre forteresse.

Comment ce soldat pouvait-il dormir si tranquillement, et sans souci, sur un aussi dangereux chargement ?

Mais, après tout, ne nous trouvions-nous pas tous, en général et chacun, dans un cas semblable ?

La mine sur laquelle des mains frivoles promenaient la

torche enflammée ne pouvait-elle pas sauter à chaque instant et avec elle des millions d'hommes ?

Juillet est passé; nous voici en août. Depuis des semaines il n'avait pas plu; les nuages qui parfois montent à l'horizon ne font que passer; de jour en jour le soleil reste brûlant dans le ciel, et, c'est le cas de le dire, les gens rentrent leurs moissons à la sueur de leur front! Ils ont presque oublié que la guerre est déclarée et s'en inquiètent pour ainsi dire moins que de leurs champs de pommes de terre brûlés par la chaleur.

Et pourtant on ne peut pas s'en désintéresser entièrement. Il est vrai que tout est encore tranquille et silencieux; mais n'est-ce pas le calme précurseur de la tempête ?

Au château, on travaille sans relâche à la mise en état de défense. On plante des palissades, on remplit des sacs à terre, on lie des fascines; on tire des magasins poudreux et on met en place des portes de chêne; on essaye les ponts-levis, dont l'un refuse de fonctionner.

On constate que la plupart des boulets, destinés à des mortiers, ne vont pas dans les canons, et bien souvent surgit cette pensée : « Nous ne sommes pas prêts, tout cloche, il n'y a pas assez d'hommes, rien n'est prévu. Il est vrai que ce n'est pas chez nous que la guerre se passera, mais au delà du Rhin. »

Devaux est parti, avec sa compagnie, à Frœschwiller. Pourquoi là-bas ? Les Français ne veulent-ils pas franchir la frontière ? Mes meilleurs vœux accompagnent Devaux: c'était un homme aimable et un excellent officier. Qu'il soit heureux !

Son successeur, un Corse, nommé Casabianca, également un homme très fin, ne resta que quelques jours avec ses hommes, relevé par un autre détachement, et pas à notre avantage, car la discipline laissa à désirer plus qu'avant.

Une température déprimante régnait non seulement dans l'air, mais pesait de plus en plus sur les esprits.

Le soir, la fraîcheur arrivant, les gens assis devant leurs maisons s'entretiennent avec vivacité des choses qui vont se passer. A certains moments, la discussion s'échauffe. Les jeunes, qui ont été soldats et ont fait les campagnes de Crimée, d'Italie et du Mexique, bataillent fiévreusement pour l'honneur de la patrie, ne doutant pas un instant de sa supériorité, ne permettant pas de dire un mot contre la gloire des armes de la France.

Mais les hommes âgés, plus familiers avec les questions du jour et plus expérimentés, font remarquer, avec une mine pensive, bien des signes du temps et se permettent d'élever, en douceur, des doutes au sujet des idées optimistes des premiers.

Les ouvrages de défense sont loin d'être terminés. Au contraire, plus on y travaille, plus on se rend compte qu'il sera impossible de faire en quelques jours ce qui aurait dû être fait depuis longtemps.

Et quand on voit le découragement gagner les gens, parce qu'ils se rendent compte de l'inanité de leurs efforts, peut-on leur en faire un reproche ?

Plus d'une fois, me trouvant avec les six artilleurs le long du parapet du fort, nous ne pouvions nous empêcher de trouver étrange que l'Empereur, qui avait déclaré la guerre, attendît si longtemps pour entrer en campagne. Ne pourrait-on pas croire que, malgré tout, on est en paix ? Les semaines s'écoulent et il ne se passe rien : les Français ne devraient-ils pas depuis longtemps avoir passé le Rhin, de façon à surprendre l'ennemi, au lieu de lui laisser le temps de se rassembler tranquillement ?

Nous ne savions pas, hélas ! l'état des choses, mais nous devions l'apprendre bientôt.

Une certaine oppression, comme avant un gros orage, s'empare des esprits. Les gens du village vont à leur ouvrage aux champs ou dans les bois avec des mines préoccupées. Nuit et jour les sentinelles guettent, du haut des remparts, si rien d'important ne se montre.

Le commandant, lieutenant Archer, a requis ma grande lunette d'approche et s'en sert pour faire consciencieusement son tour d'horizon; mais aucun casque à pique n'apparaît à la lueur du soleil d'août, qui se projette, brûlant, sur les montagnes et les vallées.

Enfin, une action s'engagea.

Le jeudi 4 août, on apprit que les Français avaient gagné, à Sarrebrück, une grande bataille où le prince impérial s'était distingué et avait reçu le baptême du feu. Enfin, ça commence, et naturellement pas mal..... Que les Français soient vainqueurs, cela va sans dire, puisqu'il ne peut en être autrement, quoiqu'ils eussent dû le faire depuis longtemps; mais mieux vaut tard que jamais. Mais on ne doit pas vanter le jour avant le soir. On s'était réjoui trop tôt.

Dès le vendredi on sut que le combat de Sarrebrück n'avait pas été une victoire, et, dans l'après-midi, un homme apporta l'extraordinaire nouvelle que les Français avaient été rejetés de Wissembourg en perdant un de leurs généraux.

Personne ne voulut ajouter foi à ce bruit et c'est à peine si on osait le répéter. Toutefois, au repas du soir, j'en fis part au commandant, dont la figure s'allongea visiblement.

Il n'en dit pas grand'chose, mais, dans la nuit même, il fit placer les canons sur les remparts. N'auraient-ils pas dû s'y trouver depuis longtemps ?

Une incertitude sans égale pesait sur tous les cœurs. Y aurait-il du vrai dans l'histoire de ce combat de Wissembourg ? Une erreur n'est-elle pas possible ?

Le lendemain matin, nous devions apprendre la vérité dans toute son horreur.

Quelques détails locaux de la mise en état de défense.

1° Il faut bien comprendre que la garnison de Lichtenberg était fournie (conjointement avec celle de la Petite-Pierre) par une compagnie d'un des bataillons actifs du 96e, en garnison à Strasbourg.

A la mobilisation (si l'on peut s'exprimer ainsi), cette compagnie fut immédiatement retirée et remplacée par les cadres (6 hommes) d'une compagnie du 4e bataillon en formation, lesquels devaient être remplis par des réservistes, et le furent, en effet, partiellement (21 hommes);

2° Le petit détachement de la 1re batterie du 5e d'artillerie se multiplia; je l'ai vu arriver et le vois encore : il fit des embrasures avec gabions et fascines, mit les pièces (et quelles pièces !) en batterie, face à leurs objectifs : la route Viennot d'une part et le chemin de Rothbach de l'autre.

On lit dans l'historique du 5e d'artillerie :

Le 21 (*sic*), le maréchal des logis Fronvielle (*sic*) fut envoyé avec 5 canonniers pour mettre en état l'armement consistant en 4 canons-obusiers de 12 approvisionnés à 160 coups et 3 obusiers de 15 avec 400 obus, mais sans charges ni fusées. Le premier soin de Fronvielle fut de faire confectionner le fascinage, de réparer les plates-formes et les revêtements.

3° Comme défense d'infanterie, il n'y avait rien de prêt. On n'eut ni le temps, ni la possibilité, ni d'ailleurs l'idée de défendre les approches du fort, ni même de dégager le champ de tir, en abattant les ar-

bres fruitiers, les quelques maisonnettes et les haies qui bordaient les glacis.

Quant au magnifique mur en pierres de taille qui surplombait le fossé, il était plein; il n'existait que de rares créneaux (ou ouvertures), notamment dans les petites casemates en encorbellement.

Les créneaux se montrèrent d'ailleurs vite dangereux, et c'est ainsi qu'à défaut de sacs à terre les braves défenseurs tirèrent à même de dessus le mur et même en montant dessus pour mieux voir.

4° Intrinsèquement, l'ouvrage était en bon état d'entretien. A trois époques critiques : 1840, 1859, 1868, il avait été l'objet d'améliorations, d'ailleurs enfantines. On aurait mieux fait d'y faire des abris, ce qui était facile; les légendes du château auraient dû y inciter.

Il est à peine besoin de rappeler qu'il défiait toute tentative de brèche ou d'escalade.

5° Les vivres réglementaires, qui ne comprenaient d'ailleurs que du biscuit, étaient en quantité suffisante; mais, contrairement au règlement, le sous-lieutenant Archer se démunit de presque tous ses biscuits en faveur du détachement Ducrot; il eut la précaution de faire monter dans le fort cinq bêtes à cornes (en s'assurant, pour le cas où un ravitaillement serait possible, de dix autres têtes dans le village).

Malgré l'été exceptionnellement sec dont nous trouvons un écho dans la brochure Spach, l'eau ne manquait pas...

Il y avait une assez forte provision de vin à la cantine Weibel. Il existait un moulin à bras (mais pas un grain de blé, pas plus d'ailleurs que de la farine).

6° Au point de vue de l'incendie, rien n'était prévu, ainsi qu'on s'en rendra compte par le récit des événements.

Il y avait bien deux pompes dans le fort, mais on ne put pas les faire fonctionner pendant le bombardement.

7° Au point de vue du service médical, il n'y avait dans le fort ni médecin, ni infirmier, ni moyen quelconque de soigner les blessés.

Quoi qu'on en ait dit, ceux-ci étaient parfaitement à l'abri dans une casemate voûtée, saine et bien aérée.

8° Comme armement, il y avait : 4 canons-obusiers de 12 lisse, 3 obusiers de 15 lisse.

J'ai eu assez de mal à établir cela. Peu importe, d'ailleurs : c'était, d'une façon comme de l'autre, telum imbelle sine ictu !

Les munitions étaient en quantité. C'était d'ailleurs une constatation générale à faire dans nos places de l'Est, où elles s'accumulaient depuis un temps immémorial. Elles ne valaient rien, ne correspondaient pas toujours aux bouches à feu, étaient emmagasinées en vue d'une vérification facile plutôt qu'en vue de leur emploi, mais il y en avait beaucoup !

9° Le 27 juillet, les places de l'Alsace étaient déclarées en état de guerre, ce qui était le signal d'une agitation sans but et sans plan. Absorbés par les mille riens de la défense intérieure, nos commandants de place furent au-dessous de tout; pas un n'eut l'idée de faire quelques ouvrages extérieurs (avancés sinon détachés) qui auraient sauvé certaines places d'un premier bombardement par les pièces de campagne et prolongé la résistance des autres.

Seul, le colonel Denfert devait faire une « splendide exception »; mais, au point de vue auquel je me place, il y en eut un qui fit mieux, le seul à mon sens qui fit bien, ce fut le commandant Babouin, à Abbeville (voir Défense nationale dans le Nord).

CHAPITRE XII

Samedi 6 Août

Mémoire du sous-lieutenant Archer.

Le 6 août, à 6 heures du matin, nous entendîmes de nouveau résonner le canon et, quelques instants après, le bruit de la fusillade venait se mêler à la voix retentissante de l'artillerie. Ce nouvel engagement, comme me l'avaient fait prévoir les renseignements du garde forestier, devait se passer non loin de nous, et, en effet, de notre position élevée, nous distinguions très bien, dans la direction de Niederbronn, la fumée qui s'élevait du nouveau champ de bataille, qui tantôt semblait s'éloigner de nous et, un moment après, s'en rapprocher; ce qui nous faisait supposer qu'il devait y avoir de côté et d'autre des alternatives de succès.

Le cœur haletant et avec une émotion difficile à décrire, nous attentions avec inquiétude l'issue de la lutte terrible qui se déroulait sous nos yeux, mais à une distance encore assez éloignée pour nous empêcher de distinguer les mouvements des deux armées. Et pendant que les troupes d'élite de la France, sous le commandement d'un vaillant capitaine, luttaient, avec un acharnement digne d'un meilleur sort, pour garder les défilés qui devaient donner accès à l'invasion, les paisibles habitants de la tranquille vallée que nous étions chargés de protéger n'avaient pas interrompu leurs travaux, se croyant suffisamment abrités par le géant de pierre qui les dominait, et dont les créneaux laissaient apercevoir des gueules de bronze qui, de loin, avaient le meilleur aspect. Ils étaient bien loin de se douter, les pauvres gens, que trois jours plus tard, ce qu'ils supposaient imprenable n'était que factice, et que le sol qu'ils continuaient à travailler sans relâche allait être foulé par une nuée de barbares qui ne devaient laisser après eux que misère et désolation.

A 1 heure de l'après-midi, un garde forestier, que j'avais envoyé aux renseignements dès le début de l'affaire, vint dissiper notre inquiétude et nous transporter de joie en nous apprenant que l'ennemi était repoussé de ses positions et qu'à 11 heures, au moment où il quittait le village de Reichshoffen, situé à une des extrémités du champ de bataille, la victoire semblait appartenir à nos armes.

Mais, hélas ! cette joie devait être de courte durée, car, deux heures plus tard, un homme du 54e, en tenue débraillée, monté sur un cheval qui avait perdu son maître pendant le combat, s'abattit au milieu de nous. Prévoyant un retour de fortune en faveur de nos ennemis, et peut-être aussi une lâche désertion de ce soldat qui m'arrivait sans armes, je le pris à part et l'interrogeai sur le motif qui l'amenait dans la place, dans un moment où le canon grondait plus fort que jamais et dans une tenue aussi peu militaire. Ce n'est que par paroles entrecoupées qu'il m'apprit que notre brave armée battait en retraite dans le plus grand désordre et que dans quelques intants j'en jugerais par moi-même à l'aspect des fuyards qui le suivaient de près.

En comparant les assertions du garde forestier à celles de cet homme, je ne pouvais croire qu'en aussi peu de temps un semblable changement se fût opéré dans l'issue d'une lutte qui paraissait devoir être en notre faveur; et même, son dire fût-il exact, que le 1er corps d'armée, battu, ne pouvait exécuter une retraite qu'en bon ordre, sous les ordres d'un chef aussi expérimenté que celui qui le commandait. En attendant que des preuves plus positives vinssent me confirmer le désastre, j'empêchai toute communication de cet homme avec ma troupe et j'attendis, avec une impatience facile à concevoir, la suite des événements qui devaient jeter notre pays à deux doigts de sa perte.

L'attente ne fut pas longue, car à peine une heure s'était-elle écoulée qu'un grand nombre de soldats de toutes armes apparaissaient sur les différents chemins qui se dirigent vers le nord et le nord-est du fort et principalement sur la route de Lichtenberg à Niederbronn par Rothbach.

Comment décrire le coup d'œil navrant et douloureux qui s'offrit en ce moment à nos regards ? Quelques soldats sans armes et la tête baissée cheminaient à côté de leurs camarades qui, eux au moins, n'avaient pas eu la lâcheté d'abandonner les leurs en les laissant aux mains de l'ennemi. D'autres malheureux, plus ou moins blessés grièvement, se traînaient péniblement, appuyés sur des bras qui n'avaient plus la force de les soutenir, mais qui, cependant, reprenaient courage en apercevant le drapeau français flottant sur le haut du donjon, et qui leur permettait d'espérer des soins et quelques heures de repos pour continuer leur marche sur le point de concentration désigné.

Je fis ouvrir la porte du fort pour donner passage à tous ces malheureux exténués de fatigue, interdisant l'entrée à ceux qui avaient abandonné leurs armes et qui allèrent implorer la charité des habitants, trop bons pour de si mauvais soldats.

Un grand nombre d'entre eux, n'ayant pas le courage de monter jusqu'au fort, furent recueillis dans les fermes, hameaux et villages qu'ils rencontrèrent sur leur passage et où les braves paysans de la vallée leur prodiguaient les soins les plus louables, se privant eux-mêmes pour donner quelque nourriture à nos pauvres soldats épuisés par la faim et la fatigue. Malheureusement, plusieurs d'entre eux abusèrent de cette franche et sympathique hospitalité; mais leur nombre est trop restreint pour jeter une déconsidération quelconque sur la conduite digne et fière que la grande majorité a tenue dans une circonstance aussi douloureuse. Mais oublions bien vite ces quelques actes d'indiscipline toujours inhérents à un grand désastre, pour revenir à ce qui se passait dans le fort.

Une réaction succéda bientôt aux poignantes émotions que je venais d'éprouver et je ne songeai plus qu'à remplir mon devoir de commandant de place, en satisfaisant aux plus pressants besoins que réclamaient de moi ces glorieux débris de notre première armée, qui étaient venus s'abriter pour quelques instants dans notre petite citadelle.

Dans un bâtiment non occupé, je fis transporter les 32 blessés qui venaient d'arriver, et, au moyen des lits occupés par mon détachement, j'installai une infirmerie provisoire en attendant que le maire du village pût se procurer un local convenable et tout ce qui était nécessaire pour l'établissement d'une ambulance; j'envoyai également un exprès à cheval pour requérir l'office du médecin d'Ingwiller, chargé du service de santé de la garnison.

Plusieurs des blessés souffrirent horriblement des blessures qu'ils avaient reçues dès le début de la bataille et dont la gravité s'était accrue pendant la longue route à travers forêt qu'ils avaient dû faire pour se rendre au fort.

Trois d'entre eux, saisis par une fièvre violente, tombèrent sans connaissance en arrivant, et ils moururent pendant le bombardement, sans que les soins assidus qui leur furent prodigués pussent les faire sortir du sommeil léthargique qui s'était emparé d'eux. Au moins ceux-là quittèrent cette vie sans souffrances et ne furent pas témoins des cruelles épreuves que nous devions traverser. En attendant l'arrivée du médecin, la sœur qui faisait l'école aux petites filles du village m'offrit un concours dévoué et fut dignement secondée par la femme du portier-consigne. Je pus me reposer sur ces deux braves femmes du soin des blessés et songer aux malheureux fuyards qui me réclamaient d'un autre côté.

Dès ce moment, et prenant toute la responsabilité sur moi, je fis immédiatement réquisitionner tout le pain que je pus trouver dans la localité, je fis abattre un des bestiaux que j'avais en réserve et, quelques heures après, j'étais heureux de pouvoir faire une distribution à tous ces affamés, dont la plupart n'avaient rien mangé depuis la veille. La cantine du fort, tenue par la femme d'un garde forestier, se chargea de fournir le liquide, dont la quantité était toutefois assez restreinte. La cantinière n'ayant pu recevoir de Bouxwiller l'approvisionnement que je lui avais donné l'ordre de commander, de même que toutes les autres, cette dernière ressource allait bientôt nous manquer.

A 7 h. 1/2 du soir, une sentinelle me signala la présence d'une troupe assez nombreuse qui prenait la direction du fort. A l'aide de ma jumelle, je reconnus des uniformes français précédés par plusieurs cavaliers; parmi ces derniers, je puis distinguer un général et son état-major; quelques instants après, ils arrivaient au pont-levis. Je me portai au-devant de ce chef, qui sans doute venait me demander l'hospitalité, et je reconnus le général Ducrot, qui commandait la 1re division d'infanterie, dont mon régiment faisait partie.

Les premières paroles qu'il m'adressa furent pour m'annoncer l'immensité du désastre que nous venions de subir et la mort du brave colonel de mon régiment, M. de Franchessin, sous les ordres duquel nous étions si heureux de commencer la campagne et qui, par une mort glorieuse, venait de payer son tribut à la patrie menacée.

Le général m'apprit également que toute sa division avait énormément souffert, surtout le 96e, qui, pendant toute l'action, s'était trouvé en première ligne, et, en outre, avait été chargé, avec ses débris, de protéger la retraite de la division.

Les troupes qui suivaient le général appartenaient en grande partie au 18e de ligne (un bataillon complet avec le drapeau) et au 99e de ligne, le tout sous les ordres du commandant Lonjeau, du 18e, et d'une quinzaine d'officiers de ces deux régiments.

L'intérieur du fort étant déjà encombré par les premiers arrivants, ces troupes furent disséminées dans les fossés, où elles purent faire du feu sans être aperçues au loin.

Afin de réparer un peu le désordre qui existait dans le

fort, je parvins, à grand'peine, à faire réunir tous ces soldats harassés de fatigue qui assaillaient la cantine ou dormaient dans quelques coins isolés. Je fis former les faisceaux afin que chacun pût retrouver son arme en cas d'une surprise à laquelle on avait le droit de s'attendre; la même mesure fut prise pour les hommes bivaqués dans les fossés et ceux qui avaient trouvé refuge dans les maisons du village; ces derniers, en cas d'alerte, devaient se réunir à l'extrémité nord du village, qui est adossée au pied du talus qui précède le fort.

Sur l'ordre du général Ducrot, une double distribution fut faite aux hommes, au moyen du biscuit que j'avais en réserve; plusieurs bœufs furent abattus et également distribués, et enfin chaque hommes reçut quatre paquets de cartouches, ce qui réduisit à quatre caisses, les munitions de chassepot dont le fort était approvisionné.

Ce n'était pas sans un serrement de cœur que je voyais disparaître ces quelques ressources sur lesquelles je comptais afin de prolonger la résistance que bientôt j'allais avoir à opposer aux forces chargées de réduire la place.

Mais mon devoir m'ordonnait de m'incliner devant des ordres supérieurs, et je dus obéir.

D'ailleurs, pouvait-on laisser sans les ravitailler des hommes mourant de faim et pouvant être poursuivis d'un moment à l'autre? (A ce moment, près de 3.000 hommes occupaient le fort ou ses environs.) Heureusement que les vainqueurs, qui avaient dû subir des pertes énormes, se contentèrent d'occuper le champ de bataille conquis et ne poursuivirent notre retraite que par quelques coups de canon tirés dans les différentes directions que nos troupes avaient prises et qui, répercutés par les échos des montagnes, venaient augmenter la profonde douleur qui remplissait nos âmes.

Au milieu d'un désordre indescriptible et avec la démoralisation qui s'était emparée de nos soldats, combien peu auraient échappé à une poursuite de l'ennemi?

Le général écrivit plusieurs dépêches, qui devaient être envoyées à leurs adresses par le chef de gare de Saverne.

Ces dépêches, qui étaient destinées au maréchal Mac-Mahon, au général Uhrich, commandant à Strasbourg et à l'empereur, ont été transportées à Saverne, distant de 32 kilomètres, par le sergent Desveaux, de mon détachement : ce dernier, déguisé en paysan, a fidèlement accompli sa mission et j'ai su

plus tard qu'il en avait été récompensé au camp de
Châlons par le général Ducrot, qui lui fit obtenir la
médaille militaire.

Cela fait, le général voulut visiter l'intérieur du fort et
connaître les ressources que je possédais; il les trouva à
peu près nulles et à peine suffisantes pour soutenir un siège
de trois ou quatre jours, et encore ne fallait-il pas dépasser
de beaucoup l'effectif de ma trop faible garnison (29 hommes en comptant les 5 artilleurs).

A 10 heures, le silence se rétablit dans le fort et succéda
au tapage qui avait régné jusqu'à ce moment. J'envoyai plusieurs patrouilles pour reconnaître les environs du fort,
principalement sur les aboutissants qui conduisent dans la
direction où venait de se passer un des drames les plus lugubres de notre histoire.

Des gardes forestiers, qui étaient venus m'offrir leurs services, furent chargés de parcourir les forêts voisines, dont
ils connaissaient toutes les issues, afin de s'assurer qu'elles
ne récélaient pas d'ennemis, et indiquer leur route aux traînards qui pouvaient s'y être égarés. Ces précautions prises,
je pus alors réunir à la cantine le général et les officiers qui
l'avaient suivi et leur faire partager les quelques provisions
que j'avais eu grand'peine à mettre de côté avant l'envahis-
sement de la cantine.

Pendant ce modeste et triste repas, à peine suffisant pour
réparer des forces épuisées, le général nous donna quelques
aperçus sur la sanglante bataille qui venait d'être livrée et
nous raconta plusieurs épisodes dont il avait été le témoin;
chacun de ces messieurs en fit autant, et alors je pus me re-
tracer par la pensée une partie des péripéties de cette fatale
journée qui livrait à l'ennemi le sol de la patrie. Mais, la
fatigue succédant bientôt à l'émotion qui nous étreignait, on
se retira afin d'aller prendre quelques heures d'un repos
nécessaire pour affronter de nouveaux dangers, de nouvelles
fatigues. Avant de se séparer, le général prévint les officiers
qu'on partirait dès la pointe du jour et qu'on prendrait la
route de la Petite-Pierre.

Traduit de l'ouvrage Spach :

Le samedi matin, il me sembla percevoir au dehors comme
des coups sourds, menaçants, tantôt isolés, tantôt roulants.
J'allai à la fenêtre, pensant que c'était l'avant-coureur de
l'orage qui devait apporter une pluie bienfaisante à notre
sol sablonneux, brûlé par le soleil. Mais pas un nuage. Le

ciel était partout clair et pur et le soleil paraissait plus brûlant qu'avant.

Pourtant, il tonnait; il doit y avoir un orage quelque part, peut-être les nuages sont-ils cachés par les maisons.

D'autres personnes prêtent l'oreille et des passants assurent d'une voix sérieuse :

« On tire le canon. Ce doit être une bataille !

— On l'entend depuis ce matin, disent des femmes qui vont chercher de l'eau avec des baquets à la montagne; ce doit être vers Niederbronn.

— Venez, nous allons monter au château, là on doit entendre mieux ! »

Aussitôt, je déposai ma pipe, je m'habillai et je me hâtai vers le château.

La moitié du village s'y trouvait déjà, hommes, femmes, jeunes gens, enfants, et tous écoutaient anxieusement le tonnerre du canon, qui venait de la direction de Wœrth.

Le lieutenant Archer et son monde, dans une surexcitation peu ordinaire, croyaient à une grande bataille là-bas, dans le fond, derrière les montagnes, vers Wissembourg.

Invinciblement, je pensai à la victoire de Frœschwiller gagnée par Hoche en 1793. Les dés en fer tombaient-ils là une fois de plus, pour décider du sort de deux nations ? Cette fois-ci encore, les Français vont-ils gagner ?

Archer et moi nous appuyions ma grande lunette sur un canon dont la bouche menaçait Rothbach; nous ouvrions nos yeux jusqu'aux larmes pour découvrir quelque chose; mais l'horizon lointain s'évanouissait dans la brume du matin et c'est d'une façon incertaine que nous crûmes reconnaître entre deux contreforts, la colline de Frœschwiller, où se passait l'action chaude et sanglante que nous ne pouvions voir.

Je profitai d'un moment où Archer s'était éloigné pour sauver ma lunette, que je préférais savoir entre mes mains qu'entre les siennes. Il était d'ailleurs temps de rentrer pour préparer mon prêche. J'aurais pu, il est vrai, m'en dispenser, car le lendemain matin, il ne me manqua qu'une chose : les auditeurs. On comprendra d'ailleurs que mon propre esprit était ailleurs. La canonnade roulait de plus en plus rapide et plus violente, et je finis par laisser là mon prêche pour remonter, hors d'haleine, au château, avec une excellente jumelle que j'étais d'ailleurs bien déterminé à ne pas laisser prendre par le commandant. La sentinelle, me connaissant pour le commensal journalier des officiers, me laissa passer sans m'arrêter; elle n'avait d'ailleurs d'yeux que pour une chose absolument impressionnante qui se montrait dans le lointain.

La colline de Frœschwiller était enveloppée d'une fumée épaisse. On distinguait la fumée de la poudre qui voguait, et la fumée noire qui s'élevait des maisons en feu, et, dans le ciel, de petits nuages d'où sortait le feu des obus qui éclataient. On distinguait nettement les salves crépitantes des mitrailleuses d'entre le roulement sourd de la canonnade.

. . . .

Notre garnison continue à travailler tranquillement aux batteries, à lier des fascines, à tresser des gabions et à les remplir de sable; mais un air profond et sérieux empreint les figures martiales des artilleurs, qui, de temps en temps, quand le tonnerre du canon ou le crépitement des mitrailleuses deviennent particulièrement violents, jettent un regard préoccupé du côté de Wœrth.

Vers 3 heures, tout devient un peu plus calme; les salves de coups de canon ne roulent plus d'une façon si continue, le feu paraît cesser par endroits. La bataille est-elle finie? Qui est vainqueur?

Très fatigué à force de regarder dans la jumelle, surexcité par l'espoir et la crainte, je quittai enfin le fort et rentrai dans le silence de ma petite chambre.

J'ouvre le *Courrier du Bas-Rhin*, le dernier que j'avais reçu, et me plonge dans le récit émouvant du combat de Wissembourg. Ainsi ce bruit sinistre était fondé? Qui sait comment se terminera la bataille d'aujourd'hui? Et pourtant, peut-être les Français ont-ils pris une brillante revanche de l'échec du Geisberg, et tout peut encore s'arranger.

Mais, tout à coup, j'entends des cris, des voix de femme :

« Ils arrivent, ils arrivent !

— Qui ? »

Je bondis à la fenêtre et que vois-je ? Devant l'auberge en face sont arrêtés deux chasseurs à cheval français, l'un sans coiffure, l'autre couvert de sang et de poussière; leurs chevaux sont blessés. Il arrive d'autres cavaliers auxquels l'aubergiste tend à boire. Ils paraissent épuisés. Qu'y a-t-il ? Qu'est-ce que cela veut dire ? Je sors, je fends le rassemblement, et j'entends les cavaliers dire :

« Tout est perdu ! »

Est-ce possible ? Ils doivent se tromper; peut-être ont-ils quitté trop tôt le champ de bataille; il se peut qu'à la fin l'armée française ait vaincu.

Mais ils déclarent nettement :

« Nous avons perdu la bataille, les Prussiens sont sur nos pas ! »

Comment je rentrai chez moi et me trouvai ensuite au fort, je ne saurais le dire. Dans la cour, les soldats sont l'arme au pied, sac au dos, on charge les canons, on travaille au pont-levis. Un fuyard est déjà là, blessé à la main.

Un homme de Rippertswiller rapporte au commandant qu'il y a au bas de la côte un cavalier français qu'on a désarmé, le prenant d'abord pour un Prussien, et demande si l'on doit amener son cheval au fort.

Archer ne sait où donner de la tête : il court au rempart, il court aux canons, à la porte, puis revient au rempart; il se dispute avec un soldat qui lui répond et menace de le jeter par-dessus le mur.

Dans cette situation, il n'est pas raisonnable de rester une minute de plus au château : à tout moment l'ennemi peut arriver, on peut fermer la porte et je peux me trouver enfermé ici. Je descends au plus vite. Archer me crie encore de lui envoyer tous les journaux disponibles et tout le vieux papier; autrement, il ne pourra pas charger tous les canons ! Il me fait accompagner par un caporal, à qui je remets une masse de vieux journaux.

Mais quel spectacle sur la colline du château !

Aussi loin qu'on peut voir, dans les champs, sortant du bois proche, dans la direction de Rothbach, tout est rempli de soldats français; de fuyards, les uns à pied, mais si fatigués et si abattus que beaucoup d'entre eux se laissent tomber le long du chemin; les autres, pour la plupart des officiers, à cheval; de-ci de-là, des zouaves également à cheval. Quel est ce cavalier, qui franchit le pont-levis, sombre et préoccupé, sans chapeau, sans tunique (?) sans épée ? (*sic*).

« C'est un général », disent quelques soldats.

« C'est Ducrot », disent d'autres. Ils avaient raison.

Des turcos avec des habits déchirés, couverts de boue, des zouaves sans veste, couverts de sang, montent péniblement au fort; des bandes de fantassins défilent, par troupes, dans le bas.

Un beau fils du désert, en bras de chemise, était particulièrement effrayant à voir, le dos couvert de sang, une latte de cuirassier nue à la main.

« Par ici ! montez au fort ! » leur crie la sentinelle du rempart.

Et c'est par paquets qu'ils y montent, d'un dernier effort, silencieux, épuisés, la rage au cœur.

Et il en fut ainsi toute la soirée et la moitié de la nuit.

A 11 heures du soir, la garde tambourinait dans le village : qu'on devait apporter des vivres pour les troupes, puis, un moment après, qu'on devait amener de la paille. Et les pauvres blessés qui s'étaient traînés jusqu'à notre montagne, ce qu'ils devaient être épuisés, ce qu'ils devaient souffrir ! Et pas un médecin. Mais que sont devenus tous ces jeunes médecins militaires, les carabins, comme on disait, qui étaient à Strasbourg ?

Ici se trouve un turco superbe, qui demande un couteau pour se retirer lui-même une balle du bras; là-bas, dans une grange, sur une botte de paille, un vieux capitaine à cheveux gris, qui se fait bander la jambe traversée par une balle.

Toutes les maisons, les granges, les hangars, les étables sont bondés de fuyards qui tombent comme des affamés sur les mets que les habitants leur apportent.

Le château héberge une masse de troupes de toutes armes : rien qu'à la cantine, une trentaine d'officiers sont couchés, morts de fatigue, sur un peu de paille.

D'autres se tiennent à la cuisine autour d'un feu flambant, et heureux celui qui peut devenir possesseur d'un peu de pain et d'un des nombreux œufs que je vis porter devant l'entrée du fort. Tard dans la soirée, un caporal, que je connaissais, vint chez moi et me raconta ce qu'il savait et avait vu de la bataille, comment ils avaient combattu avec ardeur et non sans succès au début, mais comment l'ennemi les avait écrasés ensuite.

Mon repas du soir, auquel je n'avais pas touché, était encore sur la table; je le donnai à ce malheureux garçon avec un litre de vin rouge qu'il versa dans un bidon.

Enfin, vers 1 heure, je me couchai et tombai dans un sommeil profond quoique agité.

Vers 2 h. 1/2, je fus réveillé par un bruit formidable. Qu'y a-t-il ? Sont-ce les Prussiens ? Cliquetis d'armes. pas lourds, appels brefs. Ce sont des soldats qui passent, des Français, des fuyards, qui partent avant le jour, vers la Petite-Pierre. Des bandes de fantassins défilent devant la maison. appelant de temps en temps un numéro de régiment. De-ci, de-là, l'un d'eux tout en marchant, allume sa pipe, produisant une lueur qui montre, pendant quelques secondes, une martiale figure de troupier. De place en place, comme des démons, se trouvent des Arabes isolés, fantastiques dans leur burnous blanc; puis vient un cavalier fatigué, peut-être blessé, sur un cheval à moitié fourbu, et d'interminables pelotons de fantassins, avec et sans armes.

CHAPITRE XIII

Dimanche 7 Août

Par décret, daté le Metz, le 7 août, les places de l'Alsace sont déclarées en état de siège.

Mémoire du sous-lieutenant Archer.

A 4 heures du matin, le général me fit appeler pour me remercier du zèle que j'avais apporté à ravitailler les hommes qui l'avaient suivi dans la retraite. Je profitai de cette occasion pour le prier de me laisser quelques hommes de renfort, ma faible garnison étant insuffisante pour défendre une place qui ne pouvait manquer d'être attaquée par des troupes nombreuses. Mais il refusa d'accéder à ma demande, sous prétexte que, dans la journée, un grand nombre de traînards qui s'étaient arrêtés dans les fermes isolées viendraient sans aucun doute se réfugier dans la place, et que je pourrais les utiliser à la défense, dans le cas où les routes seraient déjà interceptées, pour les laisser partir.

Je lui demandai également quelques conseils au sujet des moyens de défense que je croyais devoir employer; il me répondit qu'étant dès ce moment sous les ordres directs du général commandant la 6e division militaire, il ne pouvait en rien intervenir dans le commandement que j'avais reçu et que, d'ailleurs, je serais meilleur juge moi-même d'agir comme je l'entendrais lorsque le moment serait venu, et que les circonstances me guideraient dans la ligne de conduite que j'avais à tenir.

A ces dernières observations, je compris que le général, jugeant d'avance notre position désespérée, mais tout au moins des plus compromises, voulait s'abstenir de me donner des conseils qui, à un moment donné, auraient pu engager sa propre responsabilité.

Quelques instants après, le général donna l'ordre du départ et bientôt cavaliers et fantassins disparurent dans la forêt où s'engage la route de Saverne (la Petite-Pierre).

Désormais, nous étions abandonnés à notre propre initiative au milieu d'une armée qui devait être considérable puisqu'elle venait de battre un corps d'armée commandé par un vaillant général et composé en partie des troupes de l'armée d'Afrique.

Il ne nous restait plus qu'à faire dignement notre devoir et à défendre avec énergie un des boulevards que la France envahie avait confiés à notre garde.

Les prévisions du général Ducrot ne tardèrent pas à se réaliser.

Vers midi, une centaine de traînards encombraient la plateforme du fort. Parmi ces derniers, 5 ou 6 blessés vinrent augmenter le nombre de ceux que je possédais déjà.

Le médecin d'Ingwiller, retenu par les soins qu'il était obligé de prodiguer aux nombreux blessés qui, pendant la retraite, avaient été arrêtés dans cette dernière localité, me fit promettre de venir à mon aide dès la matinée.

A midi, il n'avait pas encore paru; j'envoyai un deuxième courrier, qui me jeta dans la consternation en m'apprenant, à son retour, que M. Kummer avait été requis par les Prussiens pour desservir une ambulance établie à Ingwiller; mais cependant, s'il était assez heureux pour s'échapper de leurs mains, il ferait son possible pour venir me rejoindre. Mais il arriva trop tard, et nous étions définitivement bloqués lorsqu'il se présenta à Lichtenberg. Et je ne pouvais rien pour nos pauvres blessés, qui, depuis près de quarante-huit heures, enduraient d'horribles souffrances. Dépourvu de médicaments, les soins affectueux qui leur étaient prodigués étaint à peine suffisants pour conserver un peu de vie dans ces corps minés par la fièvre. Il faut avoir été présent à de semblables scènes pour comprendre la douleur de ceux qui, réduits à l'impuissance, voyaient la mort s'approcher à grands pas de malheureux qui auraient pu être sauvés si un homme de l'art avait été là pour opérer leurs pansements.

C'est à ce moment qu'arriva le sous-lieutenant Mazoyer, du 17e de ligne, avec sa section (*sic*).

A 3 heures de l'après-midi, un capitaine adjudant-major du 21e de ligne, suivi par quelques hommes de son régiment, se présenta dans la place; je formai un détachement de tous les hommes valides qui étaient arrivés dans la journée; après les avoir pourvus de cartouches et m'être assuré par une reconnaissance poussée sur la route de Saverne qu'ils pouvaient encore sans danger se diriger sur cette dernière ville, ils quittèrent le fort à 4 h. 1/2, sous les ordres du capitaine et conduits par un guide qui devait leur faire éviter, en passant à travers forêt, le village d'Ingwiller déjà occupé par l'ennemi.

A 4 heures, nous reconnûmes une batterie d'artillerie française qui, après avoir traversé le village de Wimmenau, s'arrêta quelques intants avant de s'engager sur la route de Saverne (*sic*); je dépêchai un sergent au-devant d'elle pour prier son commandant de nous céder deux ou trois de ses pièces, mais il refusa sous prétexte qu'il avait ordre de se rendre à Saverne. Sur l'observation du sous-officier que la route pouvait bien être interceptée, le commandant ne voulut pas céder, et il disparut bientôt avec sa batterie dans la forêt où s'engage la route.

Dans la journée du 7, plusieurs petites patrouilles, conduites par mes caporaux, furent envoyées dans la direction de Niederbronn et dans la vaste forêt de Hanau au nord-est; mais elles ne me signalèrent aucun ennemi. Les gardes forestiers, qui, mieux que personne, connaissaient parfaitement tous les chemins de traverse, s'employèrent à mon service; un d'eux, ayant poussé jusqu'à Rothbach (6 kilomètres), m'apprit à son retour que ce dernier village était occupé par plusieurs bataillons wurtembergeois et quelques batteries prussiennes; par les renseignements qu'il put se procurer, je ne doutai plus un seul instant que ces troupes ne fussent destinées à réduire la place et que le moment de la lutte ne se ferait pas attendre.

Je fis immédiatement placer deux obusiers dans cette direction, je les chargeai avec les gargousses que le maréchal des logis chef Parizot avait pu confectionner avec du vieux papier trouvé dans les archives. (Le village de Lichtenberg ne possédait même pas un seul épicier qui eût pu me procurer le papier nécessaire.)

Malheureusement aucun retranchement n'avait encore pu être exécuté de ce côté, et ces deux pièces, montées sur leur affût à roues, dépassaient de beaucoup le parapet; elles étaient donc placées dans de très mauvaises conditions pour présenter une sérieuse résistance.

Mais il fallait d'abord interdire le passage de côté, lequel, une fois forcé, amenait l'ennemi dans le village.

Avant de faire baisser les deux ponts-levis, je fis monter cinq têtes de bétail dans le fort, le peu de pain, de sucre, de café, de riz et de sel que je pus trouver dans le village, et, en redoublant de surveillance, j'attendis les événements.

Au préalable, j'avais donné mes instructions au maire, dans le cas où quelque espion, comme il n'en manque jamais dans ces circonstances, chercherait à s'assurer des moyens de résistance que la place pourrait offrir.

L'adjoint au maire, ancien maître d'armes retraité, qui voulait s'enfermer avec nous, s'engagea, avec quelques habitants du village, à faire des patrouilles de nuit et à m'avertir immédiatement de tout ce qui pourrait se présenter de nouveau aux environs du fort. Je me reposai sur cet ancien militaire de la surveillance des alentours de la forteresse, ce qui m'évitait de dégarnir ma petite troupe. Après avoir pris toutes ces dispositions, et la nuit étant arrivée, je donnai du repos à mes hommes qui avaient redoublé d'efforts pendant les travaux de la journée.

De mon côté, je voulus essayer de goûter un peu de ce repos que j'accordais à mes soldats, mais ce fut en vain que je me jetai sur mon lit : je ne ressentais aucunement les fatigues que j'éprouvais depuis deux jours.

Une seule chose me tourmentait et m'assiégeait sans cesse : c'était la responsabilité qui pesait sur moi, commandant une place en première ligne, la première sans doute qui allait avoir à supporter les efforts de nos vainqueurs.

Comment et de quelle manière serai-je attaqué ? Saurai-je faire mon devoir ? Suis-je certain d'avoir tout prévu, d'avoir employé efficacement les faibles ressources que j'avais en ma possession ? C'est, me posant ces questions desquelles dépendaient mon honneur et celui de ma garnison, que la nuit se passa sans avoir amené aucun changement dans notre position.

Récit du commandant Mazoyer.

On a vu comment le sous-lieutenant Mazoyer arriva au fort, avec une vingtaine d'hommes du 17ᵉ. J'ai eu la bonne fortune de retrouver cet officier, aussi modeste que vaillant. Actuellement chef de bataillon en retraite à Nantes, il a bien voulu répondre à ma respectueuse insistance et m'envoyer des souvenirs, ce dont je le remercie bien sincèrement ici.

Avant de reproduire son récit, voici ses états de services :

Né à Saint-Brieuc le 27 janvier 1845;
Entré au service le 31 octobre 1862 (à 17 ans);
Sous-lieutenant au 17ᵉ (6ᵉ du 2) le 7 août 1869;
Lieutenant au 17ᵉ le 3 août 1872;
Capitaine au 34ᵉ le 13 mars 1878;
Chef de bataillon au 114ᵉ le 26 décembre 1893;

Commandant de recrutement à Belley le 17 février 1898;

Maintenu et affecté au bureau de La Roche-sur-Yon le 27 janvier 1901;

Retraité définitivement le 27 janvier 1908, venant d'être nommé officier de la Légion d'honneur le 16 janvier.

———

Le 17e faisait partie de la division Guyot de Lespart, qui avait été portée de Strasbourg à Bitche vers la mi-juillet. Le régiment était, ou du moins mon bataillon, sur la frontière bavaroise, à Breidenbach, où nous avions eu quelques surprises d'avant-postes.

Le 5, nous reçûmes l'ordre de nous replier sur Bitche et, dans la soirée, je crois, la division fut informée qu'elle se mettrait en marche le lendemain sur la route de Niederbronn à 5 heures du matin.

Le 6, à l'heure dite, la division fut formée sur cette route en une seule colonne; le régiment occupait, autant qu'il m'en souvient, la tête de la 2e brigade.

Dès 6 heures du matin, on entendait fort distinctement le canon, ce qui ne hâta pas, du reste, notre marche absolument extraordinaire ! Nous avions fait ce même trajet il y avait une quinzaine de jours, en une petite étape ordinaire avec grand'halte, et étions arrivés à Bitche entre 10 h. 1/2 et 11 heures.

Ce jour, 6 août, sans nous être arrêtés, toujours piétinant sur place, nous arrivâmes à Niederbronn vers 3 h. 1/2. Les troupes de Mac-Mahon, en hordes sans chefs, étaient ramenées. Ordre fut alors donné de déposer les sacs et de se porter au plus vite sur le plateau entre Niederbronn et Oberbronn.

La division se forma en bataille dans un ordre parfait; le 17e était à l'extrême gauche, la droite de la ligne était repliée.

Tout le monde était fort ému, comme vous le pensez. Les débris des corps qui avaient donné avec Mac-Mahon passaient par les intervalles de nos bataillons ou s'écoulaient par les routes.

Nous restâmes en position jusqu'à la chute du jour, 6 heures ou 6 h. 1/2 je suppose, car le jour baissait lorsque le régiment se forma en colonne pour se retirer sur Saverne par Oberbronn, village formant un défilé par ses rues étroites. Seule, une section de la 12e batterie du 2e d'artillerie, put tirer efficacement (une quinzaine de coups de canon).

Bombardement de Lichtenberg.   7

Une ou deux batteries d'artillerie, qui étaient restées les dernières en position, vinrent à ce moment prendre rang dans la colonne, et quelques obus prussiens tombèrent sur le plateau, mais ne causèrent aucune perte chez nous; ils s'enfonçaient dans le sol labouré. Cependant, un ou deux, tombant sur la chaussée, éclatèrent et affolèrent l'artillerie qui prit le galop à travers la colonne, écrasant quelques hommes à l'entrée du village.

Les compagnies qui n'avaient pas encore franchi Oberbronn se jetèrent à droite dans les bois à l'ouest. Mon capitaine, Le Pape, se dirigea, par un sentier forestier parallèlement, croyait-il, à la route de Saverne; la nuit était venue, d'autant plus sombre que nous étions sous bois.

Les hommes marchaient les uns à la suite des autres dans ce sentier; de tous côtés on entendait des clairons sonnant la marche de leur corps, et quelques coups de feu, tirés par des maladroits qui avaient leur arme chargée, produisaient une certaine hésitation dans la marche.

J'étais près de mon capitaine, en tête de la compagnie. Craignant sans doute de voir ses hommes se disperser, il m'ordonna de m'arrêter, de laisser filer toute la compagnie, prescrivant de serrer et de prendre la queue lorsque tout le monde serait passé. Après un certain temps, il se produisit une coupure; personne ne passait plus, sinon des hommes de divers régiments; cependant, ni mon lieutenant ni mon sergent-major n'étaient passés.

J'appelai et enfin quelques hommes vinrent; je leur ordonnai de hâter le pas, de rattraper la compagnie, mais ils étaient peu nombreux, puis plus rien. Je me décidai à marcher derrière eux, et, après un certain parcours, ils s'arrêtèrent. M'étant porté en tête pour connaître la cause de cet arrêt, l'homme de tête me dit qu'il ne voyait plus personne, qu'il était à une bifurcation du sentier et ne savait quelle direction suivre. J'en pris une et me trouvai, après quelque temps de marche, dans un bas-fond, sans doute la vallée de la Zinsel; j'y trouvai deux ouvriers auxquels je donnai une forte pièce pour nous mettre sur la route de Saverne. Ils nous firent gravir les pentes opposées et indiquèrent un chemin d'exploitation encore sous bois, mais il avait des ornières; me rassurant sur sa viabilité, ils m'assurèrent qu'il nous ferait aboutir à la route qui était loin. Sur ce chemin, je rencontrai un fourrier de chasseurs à pied blessé au cou et qui ne savait où il était. Nous marchâmes toute la nuit. Le ciel était nuageux, mais il y avait des éclaircies qui me permirent de m'assurer que je marchais sensiblement au sud.

Le matin, j'aperçus une maison dans une vallée au-dessous de nous; nous y fumes et les habitants nous renseignèrent : nous avions appuyé beaucoup trop à droite, nous étions sur le Rothbach, mais à hauteur de Lichtenberg, dont j'entendis parler pour la première fois. Si j'avais débouché sur le village de Rothbach, je ne serais certainement pas allé chercher Lichtenberg, et peut-être m'eût-il été facile et possible de gagner Phalsbourg ou Saverne par les bois.

Peut-être existe-t-il encore à Lichtenberg un homme qui, en 1870, était un tout jeune homme qui voulut aller reconnaître si la route de la Petite-Pierre était encore libre et me demanda un revolver que je portais. Sans y penser, j'accédai à son désir, mais il ne revint pas...

Bref, c'est entre midi et 2 heures, plutôt midi que deux heures, que j'arrivai en vue de Lichtenberg. J'avais avec moi une douzaine d'hommes de ma section et six à sept égarés de différents corps.

Cette petite troupe n'avait rien mangé depuis le 6 au matin. Des soupes avaient été préparées d'après les ordres du général Ducrot pour les militaires qui surviendraient. Le repas pris, je me disposais à reprendre ma route sur Saverne, par Ingwiller, Bouxwiller, lorsque mon sergent-major survint avec aussi 8 à 10 hommes de la compagnie et le sergent *Holl*. Ils avaient, nous disent-ils, été poursuivis par un parti de cavalerie qui battait l'estrade aux environs, et des émissaires adressés au commandant du fort lui apprirent qu'un fort détachement occupait Bouxwiller.

Un capitaine du 21ᵉ (Rosenberg, si je m'en souviens bien, arriva alors déguisé en meunier, coiffé d'un bonnet de coton blanc rayé bleu; il faillit être victime de sa mise, les soldats, très excités, parlant de lui faire un mauvais parti, le traitant d'espion. Archer et moi dûmes intervenir énergiquement. Heureusement que deux sapeurs, dont, je crois, le caporal sapeur du 21ᵉ, se trouvaient parmi les réfugiés; ils le reconnurent et signalèrent une blessure à la lèvre supérieure que le capitaine avait reçue en Crimée ou en Italie. Il prétendit qu'il passerait ainsi et m'engagea à l'imiter. Il partit sous son déguisement. Je ne crus pas pouvoir en faire autant, me trouvant commander une vingtaine d'hommes de ma compagnie que je ne pouvais abandonner.

Archer ne m'a jamais parlé de son intention de me faire gagner Saverne avec les hommes valides. Au contraire, c'est effectivement moi, comme il le dit dans son mémoire, qui voulais continuer mon chemin par la Petite-Pierre, et c'est lui qui, en partie, m'en dissuada (sur ce point, son mémoire est exact). J'avais groupé mes quelques hommes et je sortais lorsque déboucha sur le pont-levis mon sergent-major Meyer avec une dizaine d'hommes et le sergent Holl, de ma compagnie, disant avoir été poursuivis par des cavaliers ennemis.

C'est alors qu'Archer reçut plusieurs rapports d'émissaires ou renseignements de gens du pays, lui annonçant que l'ennemi se montrait aux environs, sur les routes, et qu'il me fit rester en me montrant la quasi impossibilité. En effet, des pelotons ou des escadrons entiers passèrent à l'ouest et stationnèrent même quelques instants à une distance que nous appréciâmes d'environ 1.000 mètres. Quelques feux de salve furent dirigés sur eux. L'écho en répercuta longtemps le bruit dans les bois. La cavalerie disparut.

Nota. — *Il y avait effectivement, à ce moment-là, au 1er bataillon du 21e de ligne, un capitaine Rosenberg. Blessé comme lieutenant à l'assaut de Sébastopol, décoré comme capitaine le lendemain de Solférino, blessé à Frœschwiller, il rejoignit son régiment fut nommé chef de bataillon et fut encore blessé à Beaumont le 30 août.*

Traduit de l'ouvrage Spach :

De bonne heure, je m'acheminai vers le château. Sur tous les sentiers, sur les montagnes en face, on distinguait des points blancs, que, grâce à ma jumelle, je reconnus pour des gens qui se sauvaient dans les bois avec des paquets et des objets de toute espèce : literie, linge et effets. Je fus rejoint par quelques groupes d'isolés, parmi lesquels je reconnus un sergent de mon bon Devaux, du nom de Geissler, originaire du Haut-Rhin.

« Et le sous-lieutenant Devaux ?

— Je crois qu'il est tombé dès la première attaque des Bavarois.

— Mais pourquoi ne suivez-vous pas l'armée comme les autres ? Voulez-vous vous enfermer au château ?

— Oui, dit-il, ici je suis connu et je préfère rester. »

Et, de fait, il resta, mais pas de la façon qu'il croyait.

Vers 8 heures, je me rendis à l'église. Mais presque aussitôt des habitants et des soldats s'y précipitèrent.

« Les Prussiens ! Les Prussiens viennent !

— Ils vont emmener tous les jeunes gens ! »

C'était un faux bruit...

En haut, le long du mur du fort, se tenait, l'arme au pied,

la petite garnison, que les fuyards avaient élevée à environ 250 hommes.

Après un avertissement par le tambour, les soldats nous crièrent d'évacuer la rue et que ceux qui le voulaient n'avaient qu'à monter au fort et qu'on leur donnerait des armes.

Pendant toute la journée, il passa encore de ces isolés à Lichtenberg. Non loin de là, le corps de Failly traversait Wimmenau; une colonne, avec des canons, traversait Rippertswiller.

Quelques détails sur la retraite du général Ducrot et du 5ᵉ corps.

1° Le général Ducrot s'était jeté par Zinswiller, à travers bois, avec un bataillon du 18ᵉ et 1.500 hommes de différents corps, et était arrivé ainsi au fort de Lichtenberg entre 6 et 7 heures du soir.

Une quantité d'isolés s'étaient échappés vers l'ouest par divers chemins forestiers.

Finalement, le détachement à la tête duquel se trouvait le général Ducrot était de 3.000 hommes.

Parti, comme on l'a vu, de Lichtenberg le 7 août, entre 3 et 4 heures du matin, le détachement arriva à la Petite-Pierre vers 9 heures du matin (en même temps que la tête du 5ᵉ corps.

Les hommes des divers corps marchaient tristes, silencieux, l'attitude fière, leur chef au milieu d'eux.

Après une grande halte, le détachement repartit pour Phalsbourg, où il arriva vers 3 heures de l'après-midi.

Voici son itinéraire complet :

Erckartswiller, la Petite-Pierre, Imsthal, Oberhoff, Büchelberg.

2° L'écoulement terminé, la division Guyot de Lespart s'était disloquée :

La brigade Abbatucci s'était engagée sur la route

de Niederbronn à Bitche, entraînant avec elle des groupes plus ou moins nombreux appartenant aux 18e, 96e, 78e de ligne, au 1er tirailleurs, au 17e bataillon de chasseurs; mais elle abandonna la route à la station de Banstein et gagna (par Mouterhouse) Lemberg, d'où elle continua sur Phalsbourg, où elle arriva le 17 au soir, ayant fait, par des chemins forestiers, le plus souvent, 100 kilomètres en trente-six heures.

La brigade de Fontanges servit d'arrière-garde au gros des troupes du maréchal en retraite sur Saverne, où elle arriva le 7, à 10 heures du matin.

3° Le gros du 5e corps (moins la division Guyot de Lespart et la brigade Lapasset), réduit par conséquent comme infanterie aux trois brigades Saurin, Nicolas, de Maussion, partit de Bitche le 6 à 9 heures du soir, passa par Lemberg, Gœtzenbruck, Wimmenau, Moosthal, Erckartswiller et, après une marche de nuit, atteignit la Petite-Pierre le 7 août, la tête à 9 heures du matin (en même temps que le détachement Ducrot), la queue à 3 heures de l'après-midi.

La cavalerie du 5e corps était répartie :

Le 5e lanciers en tête, le 5e hussards dans la colonne, le 12e chasseurs en queue.

Extrait de l'historique du 18e de ligne.

La ligne de retraite, n'ayant pas été suffisamment indiquée à l'avance, et aucune réserve sérieuse gardée, une partie du régiment se retire sur Saverne, une autre sur le fort de Lichtenberg, une troisième sur Baerenthal et, de là, sur Lichtenberg.

En passant à Reichshoffen, on trouve une partie de la division Guyot de Lespart, qui regarde passer les débris du 1er corps.

Le 7 août au soir, la moitié environ de ce qui reste du régiment se trouve réunie sur les glacis de Phalsbourg, sous les ordres du colonel.

CHAPITRE XIV

Lundi 8 Août

Mémoire du sous-lieutenant Archer.

Le 8, à la pointe du jour, j'envoyai à la découverte une patrouille de 4 hommes qui rentra au fort deux heures après.....

Rapport du sous-lieutenant Archer.

Lichtenberg, 8 août (n° 9).

Le sous-lieutenant Archer, du 96ᵉ de ligne, commandant le fort de Lichtenberg, au maréchal de Mac-Mahon.

J'ai l'honneur de rendre compte à Votre Excellence que, dans la soirée du 6, la nuit du 6 au 7, et toute la journée du 7, un assez grand nombre de militaires, appartenant aux différents corps des 1ᵉʳ et 5ᵉ corps d'armée, se sont réfugiés au fort de Lichtenberg, placé actuellement sous mon commandement.

Le 7, à 3 heures du matin, M. le général Ducrot, commandant la 1ʳᵉ division du 1ᵉʳ corps, qui avait passé la nuit au fort, a emmené avec lui tous les militaires isolés qui m'étaient arrivés jusqu'à ce moment. Depuis, j'en ai reçu environ 209. Dans ce nombre, se trouvent plusieurs hommes blessés, dont trois dangereusement; les autres, après quelques jours de repos, pourront reprendre leur service.

J'ai fait établir une ambulance dans l'une des chambres du fort, au moyen des fournitures de troupe que j'ai à ma disposition; je pourrais au moins recevoir une quarantaine de blessés; mais il n'y a pas de médecins; celui d'Ingwiller, situé à 7 kilomètres du fort, et qui est chargé de la visite sanitaire du détachement, ne pouvant venir régulièrement, par suite de l'occupation de ce dernier village par l'ennemi.

Des troupes ennemies m'ayant été signalées dans la journée d'hier, se dirigeant sur Saverne, et ne sachant positivement où les différents régiments des 1ᵉʳ et 3ᵉ corps avaient reçu l'ordre de se concentrer, je n'ai pu laisser partir isolément des portions aussi faibles. D'ailleurs, d'après une dépêche télégraphique reçue hier au soir, de M. le général commandant la 6e division militaire, le fort de Lichtenberg étant proclamé en état de siège, à partir de ce moment je ne puis laisser sortir aucun homme de la place, sans un ordre de l'autorité supérieure.

J'ai donc l'honneur de prier Votre Excellence de vouloir bien me faire connaître quelles sont ses intentions au sujet des militaires qui se sont réfugiés au fort depuis trois jours. Actuellement, tous les sous-officiers, caporaux et soldats concourent au service de la place pour la défense du fort et ceux disponibles sont mis à la disposition de l'artillerie pour achever les travaux qui avaient été commencés depuis peu.

Avant l'arrivée de ces militaires isolés, la garnison du fort se composait de la 2e section de la 1re compagnie du 4e bataillon du 96e de ligne (1 officier, 1 sergent, 4 caporaux et 22 soldats) et d'un détachement de 5 hommes du 5e d'artillerie, commandé par un maréchal des logis, pour le service des pièces. Si le renfort qui m'a été prêté par les militaires réfugiés au fort m'était enlevé par suite du départ de ces derniers, je prierais Votre Excellence de me faire connaître si le fort de Lichtenberg doit demeurer avec une garnison relativement très faible, dans les circonstances actuelles.

Ci-joint des états nominatifs, par régiment, des militaires réfugiés au fort. Jusqu'à ce jour, j'ai assuré leur nourriture au moyen de biscuit de réserve; car, pour le pain, il est impossible de s'en procurer une quantité suffisante et, pour la viande, j'ai envoyé des réquisitions au maire, qui me procure tout le bétail et autres denrées qui me sont nécessaires.

Quant à la solde, je ne puis leur en donner, n'ayant pas d'argent à ma disposition.

M. Mazoyer, sous-lieutenant au 17e, est arrivé hier matin au fort; plus de la moitié de sa compagnie, avec une partie du cadre, a également rejoint au fort.

M. Brun, chef de musique du 18e, m'est arrivé hier matin.

Mémoire du sous-lieutenant Archer.

Le 8, à 2 h. 1/2, sept à huit jeunes gens des environs, appartenant à la classe 1870, et qu'on avait renvoyés chez eux, sous prétexte que la gendarmerie du canton les avait fait partir trop tôt, se présentèrent au fort pour m'offrir leurs services; je les remerciai, car je n'avais pas d'armes à leur donner, et pour le peu de vivres que je possédais, je n'avais pas besoin de bouches inutiles.

Je n'ai jamais su pourquoi les autorités qui commandaient à Strasbourg avaient renvoyé ces jeunes gens, puisqu'un décret de fin juillet ou commencement d'août appelait la classe 1870 sous les drapeaux. Ce fait est encore une preuve du désordre qui existait à cette époque dans notre système de recrutement.

Je les renvoyai à l'adjoint au maire, qui pouvait les employer dans les patrouilles qu'il faisait avec vigilance autour de la place.

Dans l'après-midi, plusieurs petites reconnaissances ennemies, venant de Rothbach, me furent signalées par des gardes forestiers.

A 4 heures, trois de ces uniformes gris sombre, qu'à nos dépens nous avons appris à connaître, me furent signalés débouchant dans une petite prairie située à 400 mètres du fort, et où ils avaient pu parvenir en se défilant dans les bois très épais qui couvrent presque complètement les mamelons dominant la place au nord-est.

Ces trois hommes isolés venaient, sans doute, de Rothbach pour étudier les environs de la forteresse. M. Mazoyer, qui était alors sur le donjon, tira sur eux et les obligea à rebrousser chemin; quelques instants après, un balle siffla aux oreilles de cet officier comme réponse au premier coup de fusil que nous venions de tirer. Les hostilités étaient donc commencées.

A 5 h. 1/2, le maire du village me fit prévenir que 7 à 8 soldats wurtembergeois avaient fait irruption dans sa maison, en y arrivant par le ravin et les jardins situés sur les derrières, et, lui mettant le revolver sur la gorge, lui avaient demandé une foule de détails sur le fort. Ce dernier, malgré mes recommandations toutes récentes, et oubliant qu'il était encore Français, leur donna très exactement tous les renseignements qu'ils désiraient, et ne me prévint que lorsque cette reconnaissance ennemie fut en sûreté.

Après la reddition de la place, j'eus l'occasion de blâmer hautement et devant le commandant wurtembergeois la conduite indigne que le maire avait tenue en cette circonstance. D'ailleurs, j'ai su, par des habitants, qu'il n'avait fait qu'obéir à ses sympathies qui étaient plutôt allemandes que françaises. J'avais déjà eu à me plaindre de ce fonctionnaire qui montra beaucoup de négligence dans les réquisitions que je lui ordonnai de faire. Il prétextait toujours qu'il n'y avait rien et cependant, à leur arrivée, les Prussiens surent bien lui faire trouver des vivres qu'il s'empressa de leur délivrer.

En apprenant un peu tard le fait qui venait de se passer

dans le village, je formai, sur-le-champ, un détachement composé d'hommes de bonne volonté et je l'envoyai, sous la conduite du sergent-major, par des chemins de traverse, dans le but de couper la retraite à l'ennemi; mais l'avance que celui-ci avait était trop considérable, et, la nuit approchant, je fis donner l'ordre à ce détachement de rentrer au fort. Sur leur chemin, mes hommes aperçurent quatre dragons wurtembergeois qui rôdaient autour du village; le sergent-major fit faire feu, mais l'obscurité empêchant de bien viser, un seul fut atteint et démonté; les trois autres, protégés par la nuit, purent s'échapper. Le blessé fut transporté dans le village, où il fut recueilli par les habitants (?).

Pendant cette nuit, qui devait, selon toutes probabilités, précéder l'attaque en règle, je fis doubler les sentinelles et j'employai la moitié de mon monde — pendant que l'autre se reposait — à transporter dans un caveau les caisses de biscuit reléguées dans un grenier; cette précaution était prise dans le cas où l'incendie viendrait à se déclarer dans les bâtiments.

La pompe du fort et plusieurs tonneaux vides furent remplis d'eau, et bien m'en prit, car dès le commencement du bombardement, le bâtiment, sous lequel le puits était situé, s'effondra et en intercepta l'entrée. Le puits de réserve, situé sur le donjon, fut également rendu inaccessible par la chute de l'escalier qui conduit sur la plate-forme.

La nuit du 8 au 9 se passa ainsi en préparatifs, sans autre incident que trois ou quatre coups de fusil qui venaient de la direction de Niederbronn. Par cette démonstration, qui était contraire à la vigilance qu'une troupe marchant de nuit doit exercer autour d'elle et en avant, l'ennemi voulait sans doute nous indiquer qu'il savait fort bien que nous l'attendions de pied ferme et qu'il était inutile de songer à nous surprendre. Il nous prévenait tout simplement que la lutte allait bientôt commencer; nous nous y préparions depuis quatre jours.

Récit du commandant Mazoyer.

Au matin, de nombreuses troupes d'infanterie s'écoulaient sur la route de Zinswiller à Rothbach, sans doute !

Je me rappelle avoir demandé au sous-chef artificier si ces colonnes étaient hors de la portée de ses pièces.

Il me répondit qu'elles étaient beaucoup trop éloignées, n'ayant que des obusiers lisses, et encore sans projectiles chargés, qui n'auraient pas un tir très efficace au delà d'environ 1.200 mètres.

Dès la nuit, l'infanterie vint reconnaître le fort, deux éclaireurs vinrent engager une conversation avec les habitants d'une maison sise tout à fait au-dessous du roc, à 40 mètres peut-être du parapet.

Ils avaient eu soin de faire sortir les habitants sur le devant de l'immeuble et de se mêler à eux, espérant, sans doute, ce qui se réalisa, que nous hésiterions à tirer. Cependant, dès qu'ils se furent séparés du groupe, on fit feu sur eux, sans les atteindre.

Traduit de l'ouvrage Spach :

Le lundi matin, le ciel se couvrit enfin, annonçant une pluie bienfaisante. Je me rendis au fort. Il y régnait une vie intense. Tous les espaces vides étaient occupés par des troupes. Les uns se tenaient autour d'un feu qu'ils avaient allumé dans la cour et faisaient cuire une maigre soupe en grignotant du biscuit, les autres nettoyaient leurs effets poussiéreux en fumant leur pipe.

Un zouave barbu, le Strasbourgeois *Waldeck*, me reconnut. Je l'invitai à se rafraîchir à la cantine, avec son camarade *Vincent*, un beau jeune homme qui avait la tête bandée. Il avait une blessure en séton.

C'est à grand'peine que nous pûmes entrer dans la petite salle à manger. Ils me racontèrent la bataille : c'était comme dans un four; Waldeck avait sa baïonnette couverte de sang.

Tout à coup, un coup de feu dans la cour. C'était un fantassin qui avait voulu montrer le mécanisme du chassepot à quelques habitants du village. La balle alla se loger dans le vieux tilleul, devant la cantine.

Avant de redescendre, je visitai les blessés de Frœschwiller. Ils étaient étendus, dans une grande salle, sur des lits de campagne, les uns silencieux, les autres se plaignant. Un vieux turco, qui avait reçu une balle dans la région de l'estomac, se trouvait côte à côte avec un jeune fantassin, auquel une balle avait fracassé le bras droit et qui ne cessait de dire :

« Oh ! ma pauvre mère ! »

La pluie, tant attendue, tombait enfin lorsque je descendis au village, mais elle ne dura guère.

Dans l'après-midi, trois cavaliers allemands arrivèrent au galop à Rippertswiller et m'interpellent :

« Y a-t-il des Français ici?

— Non, autant que nous sachions, il n'y en a plus ici. »

Peu après, trois autres cavaliers arrivent au pas.

« Combien y a-t-il de Français au fort? »

Je me refuse à répondre.

« Nous le savons : avec les fuyards, ils sont 300 environ. »

Il paraît que, pendant ce temps, une douzaine de zouaves descendaient du fort. Les cavaliers s'éloignèrent. Ils l'avaient échappé belle.

Situation du fort le 8 au soir.

1° Composition de la garnison.

a) GARNISON RÉDUITE (1 officier et 33 hommes).

1 officier (sous-lieutenant Archer);

6 canonniers de la 1re batterie du 5e (1 maréchal des logis et 5 hommes);

27 hommes du 4e bataillon du 96e (1 sergent, 4 caporaux, 1 tambour, 21 soldats).

b) RÉFUGIÉS (2 officiers et 180 ou 189 hommes).

2 officiers (sous-lieutenant Mazoyer et chef de musique Brun);

6 canonniers du 6e d'artillerie (1 maréchal des logis chef, 1 sous-chef artificier et 4 hommes);

5 cuirassiers des 8e et 9e;

21 hommes du 17e de ligne (1 sergent-major, 1 sergent et 19 hommes);

15 hommes du 96e, bataillons actifs (1 sergent et 14 hommes);

15 zouaves des 1er et 2e (environ);

10 tirailleurs des 1er et 2e (environ);

8 chasseurs à pied des 13e et 16e (1 adjudant ou sergent-major, 1 fourrier et 6 chasseurs);

100 ou 109 hommes des 3e, 18e, 21e, 30e, 36e, 45e, 47e, 48e, 56e et 99e de ligne, 180 ou 189.

Sur ce nombre, il y avait un certain nombre de blessés (34 d'après le sous-lieutenant Archer), dont, probablement, 25 légèrement.

Il y avait, d'autre part, une vingtaine d'hommes sans armes.

Essai de reconstitution partielle de la composition nominative de la garnison.

96ᵉ DE LIGNE

ARCHER	sous-lieutenant,	commandant le fort
Geissler	sergent	
Lebois	caporal	4ᵉ bat., 1ʳᵉ comp.
Colin	soldat	Id. Id.
Capelle	soldat	Id. Id.
Mège	soldat	3ᵉ bat., 2ᵉ comp.
Frey	soldat	3ᵉ bat., 4ᵉ comp.
Maillant	soldat	3ᵉ bat., 4ᵉ comp.
Bailly	soldat	3ᵉ bat., 4ᵉ comp.
Legris	soldat	

17ᵉ DE LIGNE

MAZOYER	sous-lieutenant	
Meyer	sergent-major	2ᵉ bat., 6ᵉ comp.
Holl	sergent	Id. Id.
Audibert	soldat	Id. Id.
Piquemal	soldat	Id. Id.
Comminge	soldat	Id. Id.
Flottard	soldat	Id. Id.
Rolland	soldat	Id. Id.
Charles	soldat	Id. Id.
Turières	soldat	Id. Id.
Mandon	soldat	Id. Id.
Pin	soldat	Id. Id.
Barret	soldat	Id. Id.
4718	soldat	Id. Id.
Dupont	soldat	2ᵉ bat., 2ᵉ comp.
Compan	soldat	2ᵉ bat., 5ᵉ comp.
Guinech	soldat	3ᵉ bat., 2ᵉ comp.
Galland	soldat	Id. Id.
Ditert	soldat	Id. Id.
Bidard	soldat	Id. Id.
Imberton	soldat	3ᵉ bat., 3ᵉ comp.

18ᵉ DE LIGNE

BRUN	chef de musique	
Verdier	soldat	3ᵉ bat., 3ᵉ comp.
Mengel	soldat	
Keller	soldat	de Lichtenberg.

99ᵉ DE LIGNE

Wolff.	musicien.	
Guittard.	soldat.	1ᵉʳ bat., 6ᵉ comp.
Hugues.	soldat.	2ᵉ bat., 4ᵉ comp.
La Courèze. . . .	soldat.	

3ᵉ DE LIGNE

Grand.	soldat.	
Martin.	soldat.	3ᵉ bat., 2ᵉ comp.
Gramont.	soldat.	3ᵉ bat., 6ᵉ comp.

21ᵉ DE LIGNE

Levasseur.	soldat.	2ᵉ bat., 1ʳᵉ comp.

30ᵉ DE LIGNE

Jeannot.	soldat.	3ᵉ bat., 6ᵉ comp.

36ᵉ DE LIGNE

Demolin.	soldat.	3ᵉ bat., 4ᵉ comp.

45ᵉ DE LIGNE

Rémi.	soldat.	
Vogel.	soldat.	

47ᵉ DE LIGNE

Burdet.	soldat.	1ᵉʳ bat., 6ᵉ comp.
Defosse.	soldat.	3ᵉ bat., 5ᵉ comp.

48ᵉ DE LIGNE

Longuépée.	soldat.	3ᵉ bat., 4ᵉ comp.

56ᵉ DE LIGNE

Hugon.	soldat.	3ᵉ bat., 4ᵉ comp.

13ᵉ BATAILLON DE CHASSEURS

Armand.	sergent-major. . .	1ʳᵉ compagnie.
Reboussin.	sergent fourrier...	5ᵉ compagnie.
Friganaud.	soldat.	5ᵉ compagnie.
Dubourg.	soldat.	

16ᵉ BATAILLON DE CHASSEURS

Dupuy. . . . .   soldat. . . . .   8ᵉ compagnie.

1ᵉʳ ZOUAVES.

Vincent. . . . .   zouave. . . . .   1ᵉʳ bat., 5ᵉ comp.
Puginier. . . . . .,,   zouave. . . . .   1ᵉʳ bat., 6ᵉ comp.
Allard. . . . .   zouave. . . . .   2ᵉ bat., 5ᵉ comp.
Decheney. . . . . . .   zouave. . . . .   2ᵉ bat., 5ᵉ comp.

2ᵉ ZOUAVES

Bellier. . . . .   zouave. . . . .
Gros. . . . .   zouave. . . . .
Rapin. . . . .   zouave. . . . .
Waldeck. . . . . . .   zouave. . . . .
Horoy. . . . .   zouave. . . . .   3ᵉ bat., 2ᵉ comp.
Bany. . . . .   zouave. . . . .   3ᵉ bat., 3ᵉ comp.
Constantin. . . . .   zouave. . . . .   1ᵉʳ bat., 4ᵉ comp.
Valier. . . . .   zouave. . . . .   1ᵉʳ bat., 2ᵉ comp.

1ᵉʳ TIRAILLEURS

Mahomet R e s b
 Adji. . . . .   2ᵉ bat., 6ᵉ comp.

2ᵉ TIRAILLEURS

Paris. . . . .
El Abi Saraire...
Achmet ben Mou-
 nat. . . . .   2ᵉ bat., 6ᵉ comp.

8ᵉ CUIRASSIERS

Roch. . . . .   cavalier. . . . . . .   3ᵉ escadron.

9ᵉ CUIRASSIERS

Roques. . . . .   cavalier. . . . . . .
Frey. . . . .   cavalier. . . . . . .   4ᵉ escadron.

5ᵉ D'ARTILLERIE

Fonvielle. . . . . . .   maréchal des lo-
                           gis. . . . .
Frelin. . . . .   canonnier. . . . .
Delacre. . . . .   canonnier. . . . . .
Schreyck. . . . . . .   canonnier. . . . . .   2ᵉ batterie.

6e D'ARTILLERIE

Parisot.	maréchal des lo- gis chef.	12e batterie.
Guichard.	sous - chef artifi- cier.	
Bousin.	canonnier.	

Il y avait, en outre, dans le fort pendant le bombardement :

Le casernier Freytag;

Le portier-consigne Jacob, avec sa famille;

Le cantinier Weibel, avec sa famille; aujourd'hui âgé de 78 ans, il est retiré à Ingwiller; on n'a rien pu tirer de lui;

Enfin, M. Bloch, de Lichtenberg, avec son père, sa femme et ses trois enfants; c'est aujourd'hui un beau vieillard de 76 ans, à la verte intelligence duquel je dois d'intéressants renseignements et surtout d'importantes précisions, dont je le remercie bien sincèrement ici.

La femme du portier-consigne Jacob mérite une mention particulière, et, ici, je me fais un devoir de laisser parler le commandant Mazoyer, qui l'a vue à l'œuvre :

La femme du portier-consigne se montra d'un courage et d'un dévouement admirables. Cette brave et courageuse femme apporta dans la casemate du linge à elle, draps et serviettes, qu'elle coupa en bandes, et, aidée de quelques blessés ou hommes désignés et du chef de musique Brun, du 18e, elle fit de la charpie, se fit apporter deux baquets d'eau, et soigna elle-même tous les blessés, lavant, pansant et bandant leurs blessures et réconfortant chacun du mieux qu'elle pouvait. C'est à elle, si j'avais eu un pouvoir quelconque, que j'aurais décerné la plus belle récompense. Si elle vit encore, je serais heureux que mon souvenir élogieux et ému lui parvienne !

Le père de M. Bloch était assis sous la voûte du pont-levis; c'était un vieillard aveugle; il était là, impassible, au milieu du fracas des coups, de la fumée, de la chute des toitures et des débris de toute nature.

2° Répartition du service.

Mémoire du sous-lieutenant Archer.

Je me hâtai, à l'aide de ce secours inattendu, d'organiser la défense le mieux possible.

La moitié de la surveillance du fort fut confiée à M. Mazoyer et l'autre à M. Brun.

Moi-même, je me réservai de me porter là où ma présence serait le plus nécessaire.

Un poste de 25 hommes, commandé par le sergent-major, fut placé dans le couloir qui conduit aux ponts-levis; la circonférence du fort fut partagée en six zónes, commandées chacune par un sergent; un sergent et quatre hommes furent postés sur la plateforme du donjon pour surveiller les mouvements de l'ennemi et me les signaler aussitôt; les sous-officiers d'artillerie, les artilleurs, les cavaliers et les fantassins non armés furent placés aux pièces.

Le chef artificier, à qui je demandai son avis sur l'efficacité du tir que ces dernières pouvaient produire, me fit savoir, après les avoir soigneusement examinées, que leurs portées, avec les charges mal conditionnées dont nous étions forcés de nous servir, ne dépasseraient pas 1.000 à 1.200 mètres, et qu'à cette dernière distance, même le boulet creux, le seul que nous possédions, avait perdu toute sa force.

Je lui ordonnai de garder le silence sur cet entretien et de tirer quand même afin que les défenseurs, sentant qu'ils avaient du canon pour les protéger, puissent conserver leur sang-froid à hauteur des douloureuses circonstances que nous allions avoir à traverser.

3° Armement.

Rapport du sous-lieutenant Archer en date du 8 août.

Inventaire des pièces d'artillerie, des munitions de guerre et des approvisionnements existant actuellement dans le fort (8 août).

Obusiers de 15.	3
Canons obusiers de 12 léger.	4
Obus de 15 léger.	420
Boîtes à balles de 12 léger.	30
Boulets sphériques de 12.	320

Obus sphériques de 12...................... 240
Boîtes à balles de 12...................... 40
Poudres en barils, pour bouches à feu lisses. 1.700 kgr.
Cartouches modèles 1866 pour chassepots.... 45.025 —
Coffres à munitions pour l'approvisionnement
    des pièces. 260

4º Approvisionnements.

Biscuit d'approvisionnement. . . . . 67.000 kgr.
Bois, environ. . . . . 1.000 —
Bétail sur pied. . . . . 5 têtes.

5º Service médical.

Les blessés, d'abord soignés à l'infirmerie, durent être bien vite transportés dans une casemate. (Voir ci-après.)

B) Récits allemands.

Tableau de marche de la division Wurtembergeoise (Obernitz).

8 août : Ingwiller.

9 août : Meisenthal et Puberg.

10 août : Hambach et Adamswiller.

11 août : Eywiller.

12 août : Fenestrange.

En conséquence, le 8 août, par une pluie battante, la division quitte son bivouac entre Reichshoffen et Wœrth, formant l'avant-garde du centre du dispositif de la IIIᵉ armée, pour la traversée des Vosges, et marche sur deux colonnes :

1º Colonne du Sud (1ʳᵉ brigade d'infanterie, 1 groupe d'artillerie et 1ᵉʳ régiment de reîtres).

Itinéraire : Urhwiller, Schillersdorf, Ingwiller.

Bivouac : à l'est d'Ingwiller.

Liaison : le 2ᵉ bataillon de chasseurs, à Menchhoffen (avec le Vᵉ corps).

2° Colonne du Nord (2ᵉ et 3ᵉ brigades d'infanterie, 2 groupes d'artillerie, 4ᵉ régiment de reîtres et pionniers).

Itinéraire : Zinswiller, Ingwiller.

Bivouac : Ingwiller.

Protection : le 1ᵉʳ bataillon de chasseurs et quelques compagnies du 3ᵉ régiment.

Pendant la marche, on trouva sur la route de nombreux havresacs, des armes et des effets d'équipement jetés par des traînards, sans que les fortes patrouilles volantes campées dans les bois environnants aient pu mettre la main sur un seul de ces traînards.

Le bivouac d'Ingwiller fut froid et humide, car la pluie tombait à torrents et sans arrêt; il n'y avait pas de paille, on ne put se procurer de pain; seuls du bétail et du vin purent être requis à Ingwiller et dans d'autres localités.

Un détachement de flanc droit (3ᵉ bataillon de chasseurs et peloton de reîtres Kurz) est constitué à Rothbach; le peloton de reîtres ayant continué vers Lichtenberg revint rapporter qu'il avait reçu des coups de feu du fort et qu'il avait appris par des habitants que bon nombre d'isolés s'y étaient réfugiés.

CHAPITRE XV

Mardi 9 Août

A. **Récits français.**

Mémoire du sous-lieutenant Archer.

L'aube commençait à teinter d'un reflet grisâtre le sommet des montagnes, laissant encore le fond de la vallée dans une demi-obscurité lorsque les sentinelles, attentives, aperçurent une masse noire et assez considérable qui cherchait à traverser, en se dérobant, la partie de la route d'Ingwiller à Lichtenberg qu'une éclaircie de la forêt laisse à découvert.

C'était, à n'en plus douter, l'ennemi qui s'avançait pour s'emparer des villages de Wimmenau et de Lichtenberg.

La distance qui nous séparait de lui pouvait être d'environ 2.500 mètres.

J'ordonnai immédiatement aux deux pièces placées dans cette direction de commencer le feu. Les coups ne partirent pas; le sous-officier d'artillerie, qui avait chargé ces pièces la veille, avait oublié de boucher la lumière, et l'eau tombée la nuit avait sans doute pénétré par l'orifice et mouillé la charge. Elles furent immédiatement remplacées par d'autres pièces qui ne servaient pas ailleurs et qui ouvrirent le feu sur la colonne ennemie. Cette dernière parut un instant se retirer; mais, soit que nos coups ne portassent pas, soit qu'il se fût décidé à avancer quand même, la colonne assiégeante se divisa en plusieurs fractions et se dirigea sur le fort par tous les sentiers qui y aboutissent, masquant son mouvement au moyen des ravins et bois qui découpent le mamelon descendant en pente assez raide jusqu'à la route.

Pendant ce temps, leur artillerie prenait position au-dessous de l'Hagelsberg (à moins de 2.500 mètres sud-ouest du fort). Elle n'avait rien à craindre du feu des obusiers du fort, qui ne pouvaient atteindre la moitié de cette distance.

Vers 7 heures, pendant ces préliminaires d'attaque, un paysan, envoyé comme parlementaire par l'ennemi, demanda à me remettre un billet du général prussien commandant la colonne assiégeante.

Je le fis introduire dans le fort et pris connaissance de ce billet, écrit au crayon, que je transcris ci-après textuellement :

« La garnison de Lichtenberg est requise de se rendre, de déposer les armes; les prisonniers seront bien traités. »

Le Commandant,

(Signature illisible.)

[J'ai su, à la reddition, qu'il se nommait Malbeck.]

Nota. — Erreur : c'est Malblanc.

Il n'y avait rien à répondre à une pareille sommation; mais, voulant que tous mes hommes sussent bien que j'étais décidé à me défendre jusqu'à la dernière extrémité, je les réunis autour de moi pour leur donner connaissance de la pièce ci-dessus et aussi de la réponse que j'envoyais au commandant ennemi.

Tous les défenseurs furent unanimes à approuver la résolution que j'avais prise de résister autant et aussi longtemps que nos faibles ressources pouvaient nous le permettre.

Après leur avoir adressé quelques paroles plus spécialement destinées à remonter le moral des faibles, en leur faisant comprendre que notre résistance pouvait donner le temps à une armée de secours de venir nous délivrer, je leur recommandai de ne tirer que lorsque l'ennemi serait bien en vue, afin de ne pas brûler inutilement des cartouches. Chacun se retira à son poste de combat et nous attendîmes le résultat de la réponse que je venais de retourner, par le même parlementaire, au général chargé de réduire le fort.

La réponse que je lui fis parvenir était ainsi conçue :

« Le commandant du fort de Lichtenberg ne peut accepter comme parlementaire le paysan qui vient de lui être envoyé par le commandant wurtembergeois; les règlements militaires, et surtout les convenances, exigeaient qu'un officier fût chargé d'une semblable mission.

» D'ailleurs, la garnison et son commandant étant bien décidés à se défendre jusqu'à la dernière extrémité, tout nouveau parlementaire qui se présenterait, à cette intention, sous les murs de la forteresse, serait reçu à coups de fusil. Il devenait donc inutile d'envoyer de nouvelles sommations, qui ne produiraient pas plus d'effet que la première. »

Cette réponse ne pouvait tarder à être suivie d'une démonstration quelconque.

Vers 8 heures, en effet, une demi-heure après le départ du parlementaire, les deux batteries volantes (*sic*) en position de l'autre côté du village nous envoyèrent une première salve dont tous les coups vinrent s'amortir contre les parois du rocher. Un seul vint frapper l'angle du pavillon habité par le *portier-consigne*, qui s'empressa de s'en retirer avec sa femme et une petite fille de 2 ans à peine.

Leur tir n'était pas encore réglé; mais, quelques instants après, il l'était assez bien pour qu'une nouvelle décharge renversât d'un seul coup le parapet et le retranchement qui abritaient deux obusiers de 12, dirigés par le chef artificier Guichard, du 6e d'artillerie, qui se voyait impuissant, avec les mauvaises pièces dont nous étions pourvus, à répondre efficacement au feu de l'ennemi.

Ce dernier coup fut bien funeste à la défense; car non seulement il nous démontait les deux moins mauvaises de nos pièces et coûtait la vie au chef artificier, qui fut broyé, et à trois soldats qui lui étaient adjoints comme servants, mais il jeta une certaine démoralisation parmi les défenseurs de cette zone du fort, qui s'aperçurent alors que notre artillerie allait désormais ne nous être d'aucune utilité. Quatre morts et deux blessés d'un seul coup, n'était-ce pas enlever tout espoir à des hommes déjà découragés par les tristes débuts qui avaient marqué le commencement de la campagne ?

A ces premières salves succédèrent des coups isolés, tellement rapprochés les uns des autres que ce n'était qu'un roulement continu dans lequel se confondait le crépitement de la fusillade engagée depuis un moment entre les tirailleurs ennemis et mes hommes, embusqués derrière les parapets.

Protégés par leur puissante artillerie, en même temps que par les nombreux arbres fruitiers, les haies et les murs qui entourent les jardins, un cordon de tirailleurs put impunément s'avancer jusqu'au pied du mamelon, qui est à découvert. Très bien abrités, ils pouvaient viser avec sûreté les défenseurs du fort qui, eux, pour bien tirer, étaient obligés de montrer la moitié du corps, position qui m'a coûté la vie d'une quinzaine d'entre eux.

Une colonne assez considérable, qui suivait l'artillerie, déboucha quelques instants après à hauteur de cette dernière, qui redoubla son feu, pendant que l'infanterie s'avançait sur le village et s'en emparait, sans que le feu bien nourri de mes chassepots parvînt un seul moment à les arrêter.

Pendant ce mouvement, qui lui fût facilité par un grand nombre d'obstacles qui se trouvaient sur la route, tels que maisons isolées, murs de clôture, arbres, etc., cette colonne dut subir quelques pertes; car, aussitôt maîtresse du village, elle arbora au sommet du clocher le drapeau de la convention de Genève, signal d'une ambulance installée sans doute dans l'église.

Respectant les lois internationales qui régissent aujourd'hui les armées belligérantes, j'ordonnai à mes hommes d'éviter de tirer dans cette direction. (Après la reddition de la place, j'appris que nos ennemis, moins scrupuleux, avaient profité du drapeau qui protégeait l'église et ses abords pour installer sur la place qui la précède leurs troupes de réserve.)

Désormais l'assiégeant, en possession du village, il fallait l'empêcher de gravir le talus qui précède le rocher. Comme je l'ai dit plus haut, le mamelon qui forme talus étant à découvert, il m'était facile, avec un tir bien réglé, de le maintenir dans les positions dont il venait de s'emparer et que, faute d'artillerie, nous n'avions pu défendre.

Jusqu'à ce moment — il était alors 8 h. 1/2 du matin — l'ennemi ne nous avait encore envoyé que des obus ordinaires; mais il n'allait pas tarder à nous montrer qu'il avait d'autres moyens plus expéditifs pour nous réduire. Après un répit de quelques minutes, pendant lequel M. Mazoyer et moi nous nous efforçâmes de remonter le moral de nos hommes, que le début de l'attaque avait sensiblement affectés, les obus incendiaires commencèrent à porter l'incendie dans la place.

Le *pavillon du portier-consigne*, déjà percé à jour par une quantité d'obus, fut bien vite consumé; après, ce fut le tour de *celui des officiers*, qui communiqua l'incendie à *l'infirmerie*, d'un côté, et au toit de la *chapelle* de l'autre.

Les blessés furent évacués dans le caveau, déjà aux deux tiers occupé par les poudres et le biscuit de réserve.

Le *clocher* lui-même ne fut pas épargné et, en quelques minutes, s'effondra en grande partie dans le fossé blessant légèrement trois ou quatre hommes qui s'étaient embusqués derrière.

Une troisième batterie ouvrit son feu, en le faisant converger avec celui des deux autres batteries. A ce moment, tous les côtés du fort furent atteints à la fois et le feu se déclara dans les bâtiments qui restaient encore debout.

Une fumée noire et épaisse remplissait le fort, à un tel

point qu'on ne pouvait se voir à quatre pas; trois des bestiaux que j'avais enfermés sous un hangar furent entièrement carbonisés; les deux autres, ainsi que deux chevaux d'artillerie, qui avaient été amenés dans la place par des artilleurs, bondissaient affolés à travers la plate-forme.

A un certain moment, le feu ennemi devint si violent que quelques hommes, du côté est, abandonnèrent leurs armes et se réfugièrent dans le caveau où se trouvaient les blessés. Je me trouvais à ce moment dans une poterne qui domine l'entrée du fort et d'où je pouvais me rendre compte assez exactement des mouvements ennemis qui s'opéraient aux environs du village.

Aux cris de : « Rendez-vous ! » qui partirent du pied du rocher, un feu terrible répondit et alla porter la mort dans les rangs des assiégeants, qui étaient bien loin de s'attendre à une démonstration aussi vigoureuse. Ceux qui ne furent pas atteints se précipitèrent le long du talus et, quelques minutes après, nous en étions débarrassés. Nous contemplions presque avec plaisir les cadavres couchés le long des palissades qui n'avaient pu être franchies : n'était-ce pas une faible consolation aux rudes épreuves que nous subissions et ne venions-nous pas de venger la mort de nos frères d'armes étendus à nos pieds ?

Ce retour offensif nous accorda quelques instants de répit; j'en profitai pour reprocher la faute qu'ils avaient commise à ceux de mes hommes qui avaient abandonné les parapets pour se réfugier dans le seul abri où j'avais pu transférer les blessés, et cela au risque de les écraser et de mettre le feu aux tonneaux de poudre renfermés dans le caveau.

Je les prévins que l'entrée était dorénavant gardée par un factionnaire qui avait ordre d'employer les derniers moyens pour la défendre contre ceux qui chercheraient à la forcer et que, d'ailleurs, je n'hésiterais pas à faire passer par les armes les récalcitrants qui abandonneraient leurs postes. J'ajoutai encore que je comptais sur leur patriotisme pour m'éviter l'emploi des moyens violents, et que leur conduite future rachèterai la faute qu'une panique insensée venait de leur faire commetre.

Ces quelques paroles produisirent un excellent effet, car, jusqu'au moment de la reddition, je n'eus qu'à me féliciter de la conduite de tous les défenseurs de la place et plus particulièrement de celle de plusieurs d'entre eux.

Je me précipitai du côté du caveau, et, en passant, j'eus la satisfaction de remarquer que les autres hommes n'avaient pas abandonné leur poste, entre autres une dizaine de zouaves et de chasseurs, qui continuaient à tirailler, malgré les nombreux projectiles qui éclataient autour d'eux.

J'allais descendre dans le caveau lorsque je fus repoussé au dehors par ces malheureux qui coururent au parapet pour y reprendre leurs armes. Voici ce qui s'était passé :

Un de ceux qui étaient restés à leur poste crut reconnaître le pantalon rouge de notre infanterie dans les colonnes qui sillonnaient en tous sens la plaine du Rhin. Il s'empressa de venir annoncer cette nouvelle à ses camarades, qui, supposant un retour de fortune de nos armes et honteux de l'acte de faiblesse dont ils venaient de se rendre coupables, se précipitèrent avec enthousiasme sur les pas du brave soldat qui, par sa présence d'esprit, venait de ramener l'espoir dans leur cœur.

J'examinai attentivement, au moyen de mes jumelles, les colonnes en question; mais la distance qui nous séparait d'elles était trop considérable pour reconnaître la couleur du vêtement. Néanmoins, cette erreur d'un de mes soldats n'en produisit pas moins un effet excellent, en ramenant au combat des hommes découragés et exténués de fatigue. Cette petite panique ayant forcément interrompu en partie le feu de la place de ce côté, l'ennemi, qui n'attendait qu'une occasion, put supposer que nous étions à bout de nos munitions et, sortant de ses embuscades, il gravit rapidement le talus qui le séparait des palissades et atteignit ces dernières, malgré le feu assez bien nourri des quelques hommes qui n'avaient pas lâché pied sur ce point.

Il arriva même un moment où j'eus toutes les peines du monde à retenir mes hommes, qui montaient debout sur les parapets et servaient ainsi de cible aux ennemis, qui, bien abrités, pouvaient les viser sans crainte à une distance de 300 à 400 mètres; deux zouaves, deux tirailleurs français et trois soldats de la ligne furent tués dans cette position dangereuse.

La *cantine* venait de prendre feu; plusieurs soldats, se doutant qu'elle pourrait encore renfermer quelques vivres et surtout de la boisson, dont nous étions privés depuis deux jours, se précipitèrent dans l'intérieur et n'y trouvèrent que quelques bouteilles de liqueurs et plusieurs litres de cognac, le reste ayant été consommé par les troupes de passage. En mon absence, tout ce liquide fut bien vite absorbé, et c'est alors que la plupart des combattants, excités par cette boisson pernicieuse, s'exposèrent sans profit au feu bien dirigé de l'ennemi. N'avaient-ils pas quelque excuse pour eux ces malheureux qui, depuis quatre jours, ne soutenaient leur vie qu'avec quelques rations de biscuit, et encore bien insuffisantes, car, dès leur arrivée dans la place, je m'étais vu dans la nécessité de diminuer la ration ordinaire ?

La faible autorité que mon titre de commandant du fort m'accordait sur une troupe composée de différentes armes diminuait de plus en plus, et, lorsque ma présence venait à manquer sur un point de la défense, les sous-officiers chefs de secteurs ne pouvaient plus se faire obéir.

Tant que les défenseurs de la place purent espérer qu'une diversion de l'armée française viendrait nous débloquer, ils combattirent avec courage, attendant avec résignation l'heure de la délivrance; mais, lorsque la nuit approcha et qu'à la clarté de l'incendie du fort ils n'aperçurent autour d'eux que des cadavres et des blessés demandant des soins sans qu'il fût possible de leur en donner, un sombre abattement se peignit sur toutes les figures et chacun prévoyait que l'heure fatale de la reddition ne pouvait tarder à sonner.

Cependant il me restait encore un certain nombre de cartouches par homme et quatre caisses de biscuit; nous ne pouvions donc penser à nous rendre et il fallait résister jusqu'au bout, malgré le peu d'espoir d'une prochaine délivrance.

Le drapeau de la Convention de Genève, qui flottait sur l'église, me suggéra la pensée d'obtenir de l'ennemi le transfert de mes blessés dans l'ambulance du village, laquelle, jusqu'à ce moment, avait été respectée de mes tirailleurs.

Je fis cesser le feu et arborai le drapeau parlementaire; quelques instants après, les assiégeants en ayant fait autant de leur côté, j'envoyai un sous-officier porteur d'un billet par lequel j'exposais au commandant des troupes wurtembergeoises la position de nos malheureux blessés et demandais avec insistance l'autorisation de les faire descendre dans le village afin d'y recevoir les soins que nécessitaient les blessures dangereuses dont la plupart étaient atteints. Dans ma demande, je faisais ressortir que j'étais dépourvu d'officier de santé, et que cette raison seule me permettait d'espérer qu'elle recevrait un accueil favorable de la part de notre ennemi. Dans le cas où cette autorisation me serait accordée, je demandais également une suspension d'armes de quelques heures afin que des voitures envoyées du village pussent opérer le transport des blessés trop gravement atteints pour faire le trajet à pied.

Trois quarts d'heure après — il était alors 6 h. 1/2 — le sous-officier envoyé en parlementaire me rapporta la réponse que j'attendais avec impatience.

Par cette réponse, le commandant des troupes de siège

me faisait savoir qu'il lui était formellement interdit d'accorder aucune condition, à moins que la place ne capitulât, et que, dans ce dernier cas, il se ferait un plaisir de recevoir nos blessés dans l'ambulance installée dans la maison curiale et que des soins empressés leur seraient aussitôt donnés par les médecins wurtembergeois.

Il me prévenait également qu'il allait en référer aussitôt au Prince royal, commandant en chef de l'armée du Sud, qui se dirigeait alors sur Sarrebourg, mais qu'en attendant sa décision, le feu de son artillerie, augmentée d'une batterie qu'il avait fait demander, allait continuer à porter ses ravages dans la place, à moins, toutefois, que je ne fusse dans l'intention de rendre le fort.

« Dites à votre commandant, ajouta-t-il au sous-officier, qu'il a fait plus qu'on ne devait s'y attendre, d'une place dépourvue de tout, et qu'il ne doit plus compter sur aucun secours de son armée qui, à l'heure actuelle, a entièrement abandonné la ligne des Vosges, sans pouvoir en défendre les défilés. »

Enfin, il termina en ajoutant qu'en raison de notre belle défense il serait heureux d'obtenir du Prince royal les meilleures conditions pour moi et ma troupe.

A la suite de cette réponse impitoyable, nous n'avions plus rien à espérer. Nous défendre jusqu'à complet épuisement de nos ressources était désormais notre seul but.

Je pris alors mes dispositions pour la défense de nuit et pour préserver, autant que possible, mes hommes des projectiles que l'ennemi, profitant de l'obscurité, ne manquerait pas de nous envoyer. A la tombée de la nuit, je pus apporter un léger soulagement à mes hommes affamés. Un zouave, aidé de trois ou quatre de ses camarades, avait profité des quelques instants pendant lesquels les hostilités avaient cessé pour faire cuire un bœuf à moitié calciné par l'incendie, qui fut distribué avec une dizaine de pains trouvés dans la cuisine, laquelle, jusqu'à ce moment, avait été épargnée par le bombardement.

Pendant cette journée, où plus de 1.300 obus furent tirés contre la place, plusieurs scènes particulières vinrent s'ajouter au drame émouvant qui se déroulait autour de nous :

1° Vers les 4 heures, je m'étais rendu au secteur commandé par le sergent Gesler (Geissler), du 96e; ce sous-officier, qui avait tenu garnison dans le fort quelque temps auparavant, avait désiré occuper la position où il se trouvait avec une quinzaine d'hommes, comme étant une des meilleures pour tirailler avec efficacité contre l'assiégeant. Il me fit remarquer une quinzaine de cadavres couchés dans une prairie découverte à 400 mètres du fort, entourée par des bois de sapins et traversée par trois ou quatre petits sentiers qui aboutissent à une croix en pierre. Sur ces quinze victimes, il me disait en avoir abattu huit à lui tout seul. A ce moment, un chasseur wurtembergeois, embusqué derrière la croix, qui le garantissait à peine, cherchait à traverser le court espace qui le séparait de la forêt, mais sans pouvoir y parvenir, car il était le point de mire du sergent et de ses hommes, qui n'avaient encore pu l'atteindre. J'essayai à mon tour, mais ne fus pas plus heureux; le sergent chargea son arme, fit feu, et je vis ce malheureux soldat tomber foudroyé au pied de la croix qui l'avait protégé jusque-là. Au moment où je me retournais pour féliciter le sergent Gesler (Geissler) sur son adresse, une balle siffla à mon oreille et un corps roula à mes pieds : c'était le cadavre du malheureux sous-officier, qui venait d'avoir la figure traversée de part en part;

2° A peine était-il enlevé que c'était le tour de mon ordonnance, qui tomba également frappé en pleine figure. Il avait tenu à combattre à côté du sergent, dans la compagnie duquel il avait servi pendant quelque temps.

La mort de mon pauvre soldat me rappela la conversation que nous eûmes ensemble pendant le trajet de Soultz à Lichtenberg. Il me disait qu'il ne croyait pas revenir de cette campagne, et cependant, ajoutait-il, ce serait un grand malheur pour lui; n'ayant plus que très peu de temps à faire, il se voyait sur le point d'être renvoyé dans ses foyers où il avait laissé un vieux père impotent qui ne pouvait plus travailler. La guerre venait d'éclater et ses dernières illusions lui étaient enlevées. Je le réconfortai en lui faisant comprendre que, dans notre position, nous n'étions pas encore prêts à marcher et que la campagne pourrait bien être terminée avant que ce fût notre tour. Comme tous ceux qui voient la mort approcher, avait-il une secrète intuition de sa fin prochaine? On serait tenté de le croire, car ses prévisions ne tardèrent malheureusement pas à se réaliser, et comme s'il voulait me prouver qu'il ne s'était pas trompé, il vint mourir à mes côtés. Je donnai un dernier souvenir à la mémoire de ce brave soldat, qui m'avait toujours fidèlement servi, et je me transportai sur un autre point;

3° Là, j'assistai à une autre petite scène qui devait m'enlever deux zouaves et un turco.

Ce dernier, un Français, adossé contre le mur du clocher et debout sur le parapet, me fit remarquer deux cavaliers qui suivaient un sentier de ronde à découvert qui circule au pied du talus. Depuis quelques instants, il tirait sur ces cavaliers sans pouvoir les atteindre, et lui-même était le point de mire des tirailleurs ennemis, qui, de leur côté, n'étaient pas plus heureux. A peine venais-je de reconnaître un officier parmi ces deux cavaliers, que ce dernier fut renversé de cheval. Aussitôt quatre ou cinq soldats sortirent du bois pour l'enlever.

J'ai su, après la reddition, que l'officier qui venait d'être tué par le turco était M. de Steiger. Il fut enterré, en même temps que nos soldats, dans le cimetière du village.

Ce brave turco ne devait pas survivre longtemps à ce coup d'adresse : quelques secondes après, il roula au pied du parapet, frappé en pleine poitrine.

Il en fut de même des deux zouaves qui voulurent prendre sa place et furent atteints presque en même temps et au même endroit. Ces différents coups devant provenir sans doute du même tireur, j'ordonnai à mes hommes de ne pas rester immobiles et de changer fréquemment de place;

4° Un autre soldat, le nommé *Vogel*, de Mulhouse, venait d'avoir deux doigts enlevés par une balle; je l'envoyai dans le caveau pour faire laver et panser sa blessure; c'est avec beaucoup de peine que je pus l'y faire entrer. Voyant que notre résistance aurait bientôt une fin, il préférait être tué, me disait-il, que d'être fait prisonnier. Il s'échappa des mains de la femme du portier-consigne, qui essayait de le panser, retourna à son poste et me fut rapporté, dix minutes après, par deux de ses camarades. Il avait le corps traversé par plusieurs balles;

5° Vers la tombée de la nuit, l'écho lointain du canon se fit entendre dans la direction du nord. J'en conjecturai que le 5ᵉ corps, en position aux environs du fort de Bitche, devait être aux prises avec l'ennemi, ou bien encore que cette dernière place devait être aux prises avec l'ennemi, ou enfin qu'elle s'efforçait de défendre le défilé qu'elle commande dans les Vosges et qui donne passage à la voie ferrée de Strasbourg à Metz, par Sarreguemines. (J'ai su plus tard que le 5ᵉ corps avait quitté sa position autour de Bitche le lendemain du désastre de Frœschwiller pour se replier sur Sarrebourg par la Petite-Pierre, et que la dernière supposition était fondée.)

C'est au milieu de ces scènes d'une poignante émotion que la nuit vint nous surprendre.

A 8 heures du soir (*sic*), après avoir longuement réfléchi sur notre position désormais intenable, je réunis M. Mazoyer,

M. Brun, chef de musique, le maréchal des logis Fonvielle, qui commandait le détachement d'artillerie, et le portier-consigne. J'en formai une espèce de conseil de défense et lui exposai, sans ambiguïté, la situation critique dans laquelle nous nous trouvions :

Les bâtiments, les parapets et les retranchements en terre en grande partie incendiés ou détruits;

Les munitions de chassepot presque épuisées (quelques hommes avaient brûlé les dernières que j'avais fait distribuer);

L'artillerie, nulle;

En fait de vivres, quelques rations de biscuit;

L'eau mise en réserve dans les tonneaux allait bientôt nous manquer et pas moyen de s'en procurer dans le puits qui était comblé;

Les hommes encore valides épuisés par la faim et la fatigue;

Enfin, comme dernière calamité, ... (*illisible*) blessés entassés dans un caveau sans air et, parmi eux, 34 (*sic*) atteints à la bataille du 6, n'avaient pu recevoir des soins depuis quatre jours (3 de ces derniers avaient succombé).

Je leur fis également comprendre qu'il n'y avait plus à espérer de diversion de la part de notre armée, et qu'une nécessité impitoyable m'obligeait à les réunir pour demander à chacun son avis sur l'opportunité de nous rendre à merci.

La pensée de rendre le fort et d'être fait prisonnier presque au début de la campagne était si horrible pour moi que, si je n'avais eu que ma personne à sacrifier, j'aurais, sans hésitation, fait sauter le fort avec les poudres déposées dans le caveau. Mais sacrifier le peu de vie qui animait encore nos malheureux soldats blessés et qui, avec des soins, pourraient être sauvés; envoyer à la mort une centaine d'hommes valides qui, un jour, rendraient encore d'utiles services au pays, n'était-ce pas commettre une action coupable, presque un crime ?

Les résultats que j'en aurais obtenus étaient insignifiants à côté des désastres que l'exécution de ce projet aurait occasionnés dans un village déjà tant éprouvé depuis trois jours.

J'écartai bien vite de moi cette idée, qui ne fit que traverser mon esprit au milieu de toutes les pensées lugubres qui s'y étaient donné rendez-vous.

Le conseil fut unanime à reconnaître qu'il y avait impossibilité de continuer une défense inutile, et il fut décidé qu'à *la tombée de la nuit* on arborerait le drapeau parlementaire et qu'un des membres du conseil irait faire savoir à l'ennemi que les portes du fort étaient désormais à sa discrétion.

Cette décision, qui, cependant, ne diminuait en rien la responsabilité qui m'incombait tout entière (dans l'impossibilité où je me trouvais d'en réunir les éléments exigés par les règlements militaires, j'aurais pu me dispenser de réunir un conseil de défense) apporta un grand soulagement à mon esprit troublé par les plus sombres réflexions. Je pus alors envisager l'avenir avec plus de calme et moins d'appréhension que quelques minutes auparavant.

Mes camarades d'infortune venaient de me faire connaître leur opinion sur la défense que j'avais opposée à l'ennemi : à leur point de vue, nous avions fait tout ce qu'il était humainement possible de faire avec des ressources insignifiantes et dans des circonstances aussi difficiles que celles où nous nous trouvions.

Je venais d'être jugé par mes frères d'armes; je pouvais donc, sans crainte, attendre la décision ultérieure qu'un conseil d'enquête allait avoir à prononcer sur la défense de la première forteresse rendue à l'ennemi, décision qui, plus tard, devait mettre à couvert l'honneur des défenseurs de Lichtenberg.

A l'issue de cette décision, qui allait nous livrer à l'ennemi, je donnai ordre au maréchal des logis Fonvielle de détruire le plus possible les canons et leurs affûts et de faire disparaître les tonneaux de poudre, en les jetant dans le puits, dont on essayerait de déblayer l'entrée.

Les caissons des pièces, relégués dans un magasin, avaient disparu dans l'incendie.

Aidé de quelques hommes, le sous-officier eut bien vite terminé cette triste besogne.

Ces dernières dispositions achevées, je réunis tous mes hommes et leur fis part de la décision que je venais de prendre, à la suite de laquelle le fort allait être livré à l'ennemi. Cette fatale nouvelle, que tous pouvaient déjà prévoir dès le matin, fut accueillie avec une sombre résignation; quelques-uns des plus courageux, et qui ne pouvaient admettre l'idée d'être faits prisonniers, se récrièrent et voulaient continuer la lutte.

« Où prendrez-vous, leur dis-je, des munitions pour répondre à l'ennemi ? Avec quelle nourriture soutiendrez-vous vos forces épuisées? Qui soignera nos malheureux blessés qui n'attendent que la mort pour être délivrés des souffrances qu'ils endurent depuis plusieurs jours ? »

Ces quelques observations les ramenant à la dure réalité

dont chacun pouvait se convaincre, ils se retirèrent accablés, me laissant le soin de consommer le sacrifice.

A 9 h. 1/2 du soir (*sic*), le drapeau blanc fut arboré au sommet du donjon et remplaça le drapeau tricolore, que je ne voulais pas laisser entre les mains de l'ennemi. M. Mazoyer se rendit auprès de l'officier wurtembergeois, envoyé en parlementaire; il lui fit savoir que le commandant du fort se rendait à discrétion avec toute sa troupe et que les ponts-levis étaient désormais baissés et à la disposition des assiégeants.

Quelques instants après, le commandant des troupes wurtembergeoises me faisait prier de me rendre, soit à la mairie, soit à la cure, où l'état-major s'était installé, afin de rédiger, de concert avec lui, les clauses provisoires de reddition, qui seraient ensuite soumises à la ratification du Prince royal.

En attendant, et sur la demande que j'en avais faite, des voitures allaient être envoyées immédiatement pour l'évacuation des blessés. Je laissai le commandement du fort à M. Mazoyer et descendis dans le village, accompagné de l'adjudant Armand. Je trouvai à la cure le commandant des troupes de siège et deux officiers adjoints. Le curé nous servit d'interprète.

Malgré les efforts que je fis pour obtenir des conditions meilleures que celles qui me furent imposées ci-après, sauf toutefois approbation ultérieure du commandant en chef de l'armée du Sud (Prince royal), je ne pus obtenir rien de plus, et nous fûmes contraints de nous incliner devant le vainqueur.

En principe, il fut arrêté :

« 1° La garnison du fort est faite prisonnière de guerre et sera désarmée le lendemain à 8 heures; jusqu'à ce moment, elle restera dans le fort;

» 2° Le fort sera rendu à la même heure avec tout le matériel qu'il peut contenir; en attendant, un poste wurtembergeois en occupera l'entrée, sous la sauvegarde du commandant du fort;

» 3° Les blessés seront immédiatement transférés à l'ambulance installée dans le village, au moyen des voitures que le maire de la localité devra mettre à notre disposition;

» 4° Jusqu'à décision du Prince royal, le commandant du fort, MM. Mazoyer et Brun sont autorisés à conserver leurs armes, ainsi que l'argent et effets personnels qui peuvent leur appartenir.

» A cet effet, ces trois officiers seront conduits le lendemain au grand quartier général allemand, où ils seront présentés au commandant en chef, qui approuvera les conditions spécifiées ci-dessus ou sera libre de les modifier, sur la demande que le commandant du fort pourra alors lui faire directement;

» 5° Après une journée de repos, les hommes valides et pouvant marcher seront dirigés sur Wissembourg, où ils attendront les trois officiers qui seront internés en Allemagne dans la même localité que leurs soldats. »

Les conditions furent signées par le commandant du fort et le commandant wurtembergeois, et chacun de nous en garda une copie écrite dans sa langue respective.

A 11 h. 1/2 du soir, tout était terminé.

Je remontai au fort, suivi par un détachement ennemi qui venait prendre possession des ponts-levis, qui restèrent baissés pendant la nuit.

Conditions de la capitulation du fort de Lichtenberg.

Le commandant du fort de Lichtenberg, M. A. Archer, sous-lieutenant au 96ᵉ de ligne, rend le fort de Lichtenberg avec tout le matériel, au commandant passager du 1ᵉʳ bataillon de chasseurs wurtembergeois, sous les conditions ci-dessous spécifiées :

1° Les officiers sont prisonniers de guerre; ils conservent cependant leurs droits sur leurs épées jusqu'à la décision ultérieure du général en chef. Ils accompagneront, par conséquent, le chef de bataillon jusqu'au quartier général;

2° Ils seront autorisés à prendre avec eux leurs effets et tout le nécessaire pour la vie, ainsi que leur argent privé.

Tous les hommes valides seront désarmés en sortant du fort et transportés comme prisonniers de guerre à Stuttgart, où doivent être envoyés les officiers.

Les blessés seront descendus, par les habitants du village, dans les localités de la commune pour y recevoir, autant que possible, les soins des médecins wurtembergeois.

A partir de la capitulation du fort, le pont sera baissé et la porte restera ouverte et gardée par des troupes à l'extérieur jusqu'à la sortie de la garnison.

Camp de Lichtenberg, le 10 août 1870.

Ont signé ci-dessous :

Le Commandant du fort,
Signé : ARCHER.

Le Commandant du 1ᵉʳ bataillon des chasseurs,
Signé : SUSDORF.

Je fis réunir tous les sous-officiers et leur donnai l'ordre de prescrire aux hommes la destruction de toutes les culasses mobiles afin de ne rendre que des armes ne pouvant plus servir, et des quelques cartouches qu'ils pouvaient encore posséder; de veiller eux-mêmes au transfert des blessés et de réunir les cadavres, qui devaient être transportés le lendemain matin au cimetière du village pour y être inhumés.

A 1 heure du matin, il ne restait plus aucun blessé dans la place, et, tranquille de ce côté, je pus alors songer à établir le rapport des faits qui s'étaient passés depuis que j'avais pris le commandement du fort, une copie de la reddition du fort, le relevé à peu près exact des militaires qui avaient contribué à la défense de la place, avec indication des morts, des blessés et des contusionnés; j'y spécifiai également les noms d'une dizaine de braves soldats que j'avais plus spécialement remarqués pendant la défense.

Ces différentes pièces devaient être remises, par l'intermédiaire d'un parlementaire prussien, au général Uhrich, commandant à Strasbourg, sous les ordres duquel se trouvait la forteresse de Lichtenberg.

Ce travail terminé, j'essayai de prendre quelques heures d'un repos nécessaire; mais ce fut en vain : les sombres pensées qui torturaient mon esprit repassaient sans cesse devant mes yeux fatigués et augmentaient cette souffrance morale que j'endurais depuis le moment où tout espoir avait disparu pour nous. Il faut avoir traversé de semblables phases pour se faire une idée de la cruelle position qui est faite à celui qui, chargé d'une aussi lourde responsabilité, manque de tout pour sortir dignement de l'impasse critique où les événements l'ont conduit.

A-t-il bien fait? A-t-il mal fait? Voilà les questions que, sans cesse, il se pose, et de la solution desquelles dépendent sa tranquillité, son avenir et, plus encore, son honneur et celui des siens.

Jusqu'à 10 heures du soir, un calme profond semblait régner aux environs du fort: sauf quelques rares lumières qu'on apercevait dans le village, on aurait pu croire que l'ennemi, abandonnant la partie engagée, s'était retiré.

Dans l'intérieur du fort, on n'entendait que le pas des sentinelles se promenant le long des parapets en partie détruits et au pied desquels la plupart des défenseurs s'étaient endormis, accablés de fatigue.

D'autres, profitant du répit, fouillaient dans les décombres des bâtiments incendiés pour y découvrir les restes des animaux qui avaient péri dans l'incendie et achevaient de faire cuire ces débris informes au bout de longs morceaux de bois.

Récit du commandant Mazoyer.

De grand matin, car j'avais mal dormi, j'étais debout. Au point du jour, je montai sur le donjon pour explorer les alentours. Une sentinelle, qui devait signaler les mouvements de l'ennemi, y était endormie; je la trouvai couchée derrière le parapet. Je la réprimandais lorsque les balles de plusieurs coups de feu, tirés de nous, sifflèrent à nos oreilles. Quelle heure était-il ? Peut-être 5 heures ou 5 h. 1/2.

J'examinai les environs et vis quelques tireurs embusqués derrière les arbres voisins du fort.

Je fis descendre la sentinelle, descendis moi-même et m'occupai, après en avoir référé à Archer, d'organiser mon détachement et d'assigner des postes à chacun.

Les hommes de chaque corps furent groupés ensemble autant que possible.

Les zouaves et les tirailleurs s'étaient organisés eux-mêmes.

Les cavaliers démontés et les soldats désarmés furent répartis aux pièces.

Le sous-chef artificier s'occupa très activement à confectionner des gargousses et sabots, et fit remplir de sable les obus sphériques, afin de les lester pour les utiliser comme boulets, en bouchant la lumière avec une cheville de bois. Deux pièces (obusiers) seulement tirèrent.

Les autres faisaient face au village ou se trouvaient du côté des casemates construites en encorbellement du côté de la tour Carrée.

J'avais fait charger deux obusiers avec des boîtes à mitraille, et l'effet en eût été considérable sur l'infanterie, qui était à peine à 200 mètres, mais il est vrai très dispersée. Archer ne voulut pas faire ouvrir le feu de ce côté par l'artillerie, craignant d'attirer une riposte de l'ennemi qui, avec trois ou quatre projectiles, eût pu jeter bas toutes les casemates contenant les munitions d'infanterie et nos blessés! Il y avait, autant qu'il m'en souvient, quatre compartiments dans ces casemates; on logea toutes les caisses de munitions dans les plus éloignées, et les deux premières reçurent les blessés.

L'artillerie ennemie ouvrit le feu de 1.800 à 1.000 mètres.

Le sous-chef artificier pointait lui-même une pièce qu'il faisait manœuvrer par deux artilleurs aidés des cavaliers réfugiés. Deux artilleurs étaient ainsi affectés à chaque pièce avec des hommes désignés, comme il a été dit ci-dessus.

Je n'aperçus pas d'avant-garde proprement dite; mais les premiers groupes ennemis qui se montrèrent débouchèrent des bois bien après que j'étais descendu du donjon. Quelle heure était-il exactement ? Je ne puis préciser, mais j'estime qu'il devait être entre 7 et 8 heures.

La sommation écrite sur un méchant morceau de papier fut lancée dans le fort, attachée à une pierre.

Nos projectiles semblaient porter moins bien que nos chassepots. Quatre à cinq coups avaient été tirés lorsqu'un obus de l'ennemi enleva de la volée de notre pièce un éclat de bronze de la longueur de la main, qui éventra le brave sous-chef ! Il mourut en recommandant à Archer sa femme.

Le feu de l'artillerie cessa peu après de notre côté; les pièces étaient mal servies et leur tir absolument nul. Mais celui de l'ennemi redoubla, et bientôt des incendies se déclarèrent, d'abord dans les *cantines*, puis dans les *casernes* adossées au donjon, dont l'accès devint impossible, et enfin tous les bâtiments flambèrent. *La tour Carrée*, dont le sommet portait une cloche, ne tarda pas à être ruinée. La situation sur le terre-plein, très peu étendu, était des plus pénibles au milieu de la fumée et des flammes que le vent poussait de tous côtés.

Pendant ce temps, la troupe garnissait toujours les parapets; et les créneaux, qui étaient déjà dangereux, le devinrent au point que les tireurs aimaient mieux se montrer au-dessus du parapet en changeant leur point d'apparition, que de s'en servir. Le soldat *Piquemal*, de ma compagnie, venait de me faire retirer d'un créneau et y avait à peine placé son arme, qu'il fut atteint à la joue !

Il y avait bien de la difficulté à diriger et commander tous ces soldats appartenant à des corps ou armes divers.

Archer et moi avions groupé nos hommes. J'étais fort bien secondé par mon sergent-major *Meyer*, jeune homme très intelligent, et le sergent *Holl*; la conduite et la discipline des soldats du 17e fut parfaite et leur courage à toute épreuve. On peut s'en rendre compte par l'état des pertes subies par ce petit lot de braves gens : 6 tués et 8 ou 9 blessés sur 20 ou 22 hommes au plus !

Rentrant à mon corps, j'avais cité particulièrement deux soldats, *Thurrière* et *Mandon*, qui s'étaient spécialement fait remarquer. Ils furent proposés pour la médaille par mon colonel; mais, n'étant pas blessés, ils furent libérés en 1871 ou 1872 sans l'avoir obtenue.

Le lieutenant-colonel von Steiger fut tué par un groupe

de zouaves et de tirailleurs (un zouave fut tué là d'une balle en plein front) qui, accroupis derrière le parapet, se levaient au commandement de l'un d'eux pour tirer tous ensemble. Le lieutenant-colonel était à cheval; il avait une culotte à bande rouge, ce qui le fit prendre pour un artilleur cherchant un emplacement pour ses pièces.

A Ulm, Archer reçut d'une femme, se disant la veuve du lieutenant-colonel, une lettre qui était étrange, et le priait, en un mot, de lui donner l'assurance que son mari avait été tué d'une balle française et non par les siens. Je ne sais si Archer répondit à cette lettre, qu'il a très certainement conservée.

Je ne me souviens plus si Archer était près de moi lorsque le lieutenant-colonel Steiger fut tué; mais, comme je vous le dis, voici comment la chose s'est passée :

Dès le début de la journée, des groupes avaient été organisés par Archer, sous le commandement de gradés, autant que possible connus des hommes sous leurs ordres. Le contingent du 96e en formait un, celui du 17e un autre, etc.; les cavaliers répartis au service des pièces; les troupes d'Afrique, peu nombreuses — quelques zouaves et tirailleurs — s'étaient groupées d'elles-mêmes; l'un d'eux avait pris le commandement du groupe.

Ils s'étaient placés derrière un épaulement, près de la casemate, à gauche de la tour Carrée, au sommet de laquelle était une cloche. A un moment donné, l'un d'eux me dit :

« Voici l'artillerie qui vient (et on l'appréhendait fort de ce côté; voilà un officier, à cheval, attention ! »

Ils se levèrent tous, comme ils en avaient l'habitude, pour épauler sans trop se découvrir, et firent feu ensemble...

« Il est à bas ! et son cheval aussi ! ! »

Effectivement, cheval et cavalier roulèrent... Qui a atteint le lieutenant-colonel ? Un zouave ou un tirailleur ? Dieu seul le sait.

Il me semble encore voir un petit soldat (je ne sais de quel régiment), qui était venu sciemment au fort; il était de la région, peut-être même de Lichtenberg. Il fut tué par un obus qui lui fracassa les reins à quelques pas devant moi. Lors de la reddition, sa mère, qui connaissait sa présence au fort, vint pour l'embrasser avant son départ en captivité. L'ayant vainement appelé, elle le trouva parmi les morts alignés à l'entrée.

Archer avait fait disposer sur le terre-plein, en maints endroits, des caisses de cartouches ouvertes. C'est en voulant aller, malgré ma défense formelle, en enlever une qu'il prétendait en danger d'être soulevée par les obus, qu'un artil-

leur eut les deux jambes broyées, au moment où il se baissait pour la prendre avec un de ses camarades.

Je n'ai aucun souvenir d'une panique, si petite qu'elle
fût, sur le rempart; nous étions, du reste, Archer et moi,
tantôt d'un côté, tantôt de l'autre, suivant les nécessités.
Mais il eût été, en tout cas, de toute impossibilité aux défenseurs de trouver un abri dans les casemates encombrées
par les blessés qui étaient étendus sur le sol à l'entrée, et
dont les compartiments du fond étaient remplis par des
caisses de biscuit et de cartouches. Il y eut peut-être quelques hommes qui, apeurés, cherchèrent à s'y mettre à l'abri,
mais je ne m'en souviens pas.

Lorsque le feu se déclara dans la cantine, elle fut, je
crois, dévalisée, et quelques hommes burent un peu trop,
sans que cependant j'aie souvenir d'avoir remarqué des cas
d'ivresse réelle. Etant descendu dans la casemate où Mme Jacob soignait avec tant de dévouement les blessés, dans les
quelques courts instants que j'ai été dans la casemate pour
voir un blessé, je m'aperçus que, par les créneaux, quelques
balles pénétraient; je m'occupai de les faire aveugler. On
plaça devant chacun d'eux une caisse de biscuit qui arrêta
complètement les projectiles. Comme cela entraîna l'obscurité complète, on y remédia par la lumière de bougies.

A la tombée de la nuit, on entendit le canon, sans doute
de Bitche.

Vers 5 h. 1/2 ou 6 heures, le feu de l'artillerie ennemie
cessa, l'infanterie tirait seulement sur les créneaux. Mais,
comme le tir était fortement incliné de bas en haut, il n'en
résultait aucun danger pour nous, à condition de ne pas se
placer aux créneaux qui, du reste, avaient été, sur notre
ordre, abandonnés de très bonne heure. Il est bien moins
dangereux de tirer par-dessus un parapet, en changeant de
place à chaque visée.

J'ai conservé un fort mauvais souvenir des créneaux où
j'ai été fort exposé. Nos hommes tiraient toujours quelques coups de fusil presque isolés, car la défense était désor-
ganisée par l'incendie d'abord, puis empêchait de continuer
d'occuper les emplacements choisis, et aussi par la dislo-
cation des groupes constitués.

A la nuit tombante, vers 6 h. 1/2 ou 7 heures, Archer fit
cesser le feu de notre côté.

Ce fut le portier-consigne, si ma mémoire est fidèle, qui
arbora, sur l'ordre d'Archer, un drapeau blanc au bout d'une
perche à droite de la voûte du pont-levis (à droite en sortant).

Il y fut répondu rapidement par un même signal, et,

comme on était à portée de voix, on demanda ce dont il s'agissait. Il fut entendu qu'une suspension d'armes aurait lieu pendant les pourparlers. Le pont-levis serait abaissé, une garde serait établie de notre côté, vis-à-vis un poste ennemi placé au sommet du chemin donnant accès au pont.

Le commandant des troupes viendrait s'aboucher, à la sortie du pont-levis, avec l'officier du fort. Je crois bien que ce fut moi qui fus délégué par Archer...

L'ennemi paraissait fort frappé de la mort de son chef; mais il connaissait notre détresse, la situation exacte de tous les services : pas de médecin, pas de vivres, pas d'abris, etc., et sans doute le désordre qui était à craindre de la part de troupes formées d'isolés sans chefs et que l'action du combat avait jusqu'à présent surexcités et maintenus en cohésion.

Il refusa net de laisser sortir aucun blessé ou aucun mort.

Le pont-levis fut relevé et Archer s'occupa de *consulter les gradés*, afin de se rendre compte de toutes choses et surtout du moral de la défense. Dès lors, il n'y eut plus réellement de défense; quelques coups de feu furent bien encore tirés, surtout par les nôtres; mais ce n'était plus la défense organisée et dirigée.

Du reste, la nuit était venue, il était alors 7 h. 1/2 à 8 heures.

Quelque temps après, — il était alors peut-être 9 heures, mais l'incendie éclairait les environs, on y voyait comme en plein jour, — Archer fit de nouveau arborer le drapeau blanc. C'était, à mon avis, absolument nécessaire; les blessés offraient un spectacle lamentable, et certains exigeaient un secours médical immédiat auquel ne pouvait suppléer l'admirable femme dont je vous ai si souvent parlé. Les groupes de défense qui avaient été formés, et auxquels des postes avaient été assignés, s'étaient disloqués; l'incendie des bâtiments, qui dégageait une chaleur et une fumée suffocantes, rendait intenables certains emplacements, l'obscurité dans les parties non éclairées, tout cela avait paralysé la défense.

Quant aux hommes, si braves au feu, mais maintenant groupés en désordre, dans les coins où ils pouvaient trouver un peu d'abri contre la chaleur de l'incendie et la fumée asphyxiante, en particulier autour des blessés, dont l'aspect navrant les impressionnait vivement, leur énergie semblait faiblir.

Puis, en tout cas, que devenir, sans vivres, sans abris? C'est dans ces conditions qu'Archer traita avec le capitaine Wilhelm Sussdorf, du 1er bataillon de chasseurs, qui était assisté de son officier adjoint, le lieutenant Richard Freiherr von Stettin. Il exigea et obtint l'évacuation immédiate des blessés, qui furent soignés sans délai. La garnison occuperait le fort jusqu'au lendemain matin. Il n'y eut d'incidents soulevés que par les deux points ci-après, qui furent soumis au prince royal : d'abord pour les armes des officiers, qu'Archer demandait leur être conservées, et le lieu d'internement des officiers qu'Archer avait fait inscrire comme devant être dans la même ville que sa troupe.

Il fut bien question d'essayer de détruire les munitions; mais, outre la cohue qui rendait presque impossible l'accès de la casemate du fond qui contenait les caisses, comment réussir à y mettre le feu ? Il eût fallu, au préalable, transporter les blessés. Où ? Nous avions songé à les ranger dans la voûte d'entrée offrant une demi-sécurité, mais le trajet était impraticable dans les flammes et la fumée. On y renonça.

Le dévouement de la femme du portier-consigne, l'adresse et la valeur du sous-chef artificier tué sur sa pièce, le stoïcisme du vieillard aveugle assis sur une chaise au milieu du vacarme infernal, de la fumée et des débris de toutes sortes tombant autour de lui, le courage des hommes, l'activité d'Archer, sont les faits dont j'ai conservé le souvenir le plus vivace. J'ai aussi retenu le nom de deux de mes hommes du 17e, Thurrière et Mondon, que mon colonel, sur mon rapport, proposa pour la médaille; ils étaient d'un entrain endiablé.

Traduit de l'ouvrage Spach et divers :

Il avait plu à torrents pendant toute la nuit.

Vers le matin, la pluie diminua un peu.

Tout à coup, un feu de peloton, puis un coup de canon du fort.

Bientôt la fusillade devint générale et finalement continua.

De temps à autre, un coup de canon, auquel il était répondu de loin par des salves de batterie, mais qui résonnaient tout autrement et plus clairement que celles du fort.

Le fort paraît couvert de légers nuages de poudre.

D'une fenêtre du casernier Freytag sort de la fumée, ainsi que du toit du portier-consigne Jacob; il est probable que des obus y seront tombés.

Vers 7 heures du matin, les Wurtembergeois, qui pendant la sombre nuit pluvieuse avaient cerné le fort, avaient surgi des bois et ouvert le feu, auquel le fort avait répondu de suite.

Leur artillerie, venue d'Ingwiller par la route, avait envoyé du Hagelsberg, d'où l'on voit devant soi le château, un obus par delà la vallée; mais la distance étant trop grande, l'obus était tombé sur la pente de la montagne. On s'était approché et les obus suivants étaient mieux arrivés : l'un d'eux, tombé dans la chambre du casernier Freytag, avait mis le feu au lit.

De proche en proche, les batteries vinrent enfin s'établir près des premières maisons du village, à l'endroit nommé *Vogelhardt*, et, de là, écrasèrent le château, à courte distance, d'une grêle d'obus de 4 et de 6.

Les assiégés ne pouvaient répondre qu'avec une seule pièce; ils n'avaient pas de fusée, et tous les boulets n'entraient pas dans le canon. Ils ne tiraient que des projectiles creux, dont ils avaient bouché l'ouverture avec un tampon de bois.

Les projectiles wurtembergois tombaient les uns sur la muraille du château et y éclataient, mais la plupart sur les toits de bâtiments, y allumant l'incendie.

Dès le début du bombardement, les Wurtembergeois avaient fait de tous les côtés, irruption dans le village, qu'ils croyaient rempli de Français, et, s'abritant derrière chaque coin de maison, chaque tas de bois, s'étaient de plus en plus approchés du château, tirant sur tout ce qui se montrait sur le rempart.

Ils finirent par arriver à la palissade que les Français avaient récemment établie et tiraient par les interstices. L'un d'eux se hasarda jusqu'au premier pont-levis; mais une balle le fit culbuter dans le fossé, où son petit képi fut retrouvé quelques jours après.

Un autre alla se poster à l'abri de la porte en fer du cimetière protestant et tirait entre les barreaux; une balle, qui traversa la partie inférieure pleine, le blessa au bras.

C'est presque au même endroit, à l'entrée du village, que tomba le lieutenant-colonel du 1er bataillon de chasseurs wurtembergeois, Rüdolf von Steiger.

A cheval, ayant un cigare dans la main gauche gantée, il s'approchait de ses hommes au cimetière, lorsque, du haut de la muraille du fort, un zouave tira sur lui et le blessa à mort au côté. Il tomba de cheval et on le porta dans la maison forestière près du chemin d'Ingwiller, où il mourut bientôt.

Cette maison forestière servait de poste de secours et d'hôpital; les blessés étaient couchés sur de la paille, mais bientôt évacués sur Ingwiller.

Au château, les Français se défendaient avec l'énergie du désespoir; il ne pouvait plus être question de s'échapper, puisqu'ils se voyaient entourés de tous côtés.

C'est ainsi que le sergent *Geissler*, dont j'ai parlé, s'était organisé, au mur du côté est avec du bois et des pierres, un créneau d'où il tirait tranquillement et avait abattu plus d'un Wurtembergeois, lorsque, après avoir longtemps concentré vainement leur feu de ce côté, ils réussirent enfin à l'atteindre. Tué net d'une balle dans la bouche, il tomba la tête dans le créneau et son sang coula à flots le long de la muraille (où on le voyait encore en 1896).

Lorsque, en 1891, on déterra les restes des Français pour les transporter au cimetière catholique où un monument leur fut élevé, je découvris les galons de Geissler à côté de son crâne, où l'on distinguait nettement les dents cassées et le trou de sortie de la balle.

La situation des défenseurs était d'ailleurs difficile : dès que l'un d'eux se penchait un peu trop au-dessus de la muraille pour viser, cinq, six balles venait s'abattre autour de lui, et c'est ce qui explique que la plupart furent blessés à la tête et à la partie supérieure du corps.

Les obus, tombant dans le petit espace que leur présentait le fort, faisaient beaucoup de dégâts. Le général-major Hügel me dit plus tard que 1.500 obus avaient été tirés sur le fort.

Le sous-lieutenant Archer était partout. Il ne faisait aucune attention au danger. Tantôt il allait au mur, observer sans s'abriter les mouvements de l'ennemi; tantôt il descendait dans les casemates voir ses blessés. A son côté, se trouvait un autre officier d'infanterie, un grand et bel homme. Ce dernier, en remontant du souterrain où il était allé voir les blessés, oublia de se baisser, dans sa hâte, et se cogna si violemment le front à la voûte de l'escalier qu'il fut en un clin d'œil couvert de sang. Sans y faire attention et après s'être bandé avec son mouchoir, il revint au plus vite à son poste, au feu.

Les casernes brûlaient à toutes flammes. La chaleur et la fumée étaient insupportables et, de plus, le château était fusillé de tous les côtés et canonné du côté de l'ouest. Malgré cela, les deux officiers, après être restés toute la journée au feu, goûtèrent frugalement sur le gazon arrosé de sang, et, lorsqu'ils virent que toute résistance était impossible, ils prirent la résolution de se faire sauter avec la garnison, résolution qui, heureusement, ne fut pas mise à exécution.

La famille israélite Bloch, chez laquelle je demeurais, s'était aussi laissée aller à chercher un abri dans les casemates du château; ils m'ont souvent raconté, plus tard, l'horreur de ce séjour. Les plaintes des pauvres blessés couchés sur le sol rocheux sans secours médicaux, les flaques de sang, le sifflement énervant des balles qui entraient par les créneaux et s'aplatissaient sur les voûtes, les pleurs des enfants, les lamentations des vieux, la détonation des canons qui faisaient trembler les fondations du château, l'incertitude au sujet du village, le voisinage désagréable de la poudrière, la crainte lancinante d'être tués, en cas d'assaut, bref, des heures terribles dans ce réduit obscur...

Au village, on finit par s'habituer et même par ne plus faire attention à la fusillade ininterrompue, si bien que beaucoup d'habitants se hasardèrent à sortir de leurs caves; une vieille femme reçut ainsi une balle de chassepot au genou...

A 4 heures, le château était en flammes.

Tard dans la soirée, on apprit que le château se rendait.

Il y avait 13 tués, 75 blessés; une chaleur et une fumée étouffantes et aucun espoir de s'en tirer.

Le sous-lieutenant Archer put mettre bas les armes avec honneur, après une valeureuse résistance.

Récit de M. le curé Guth :

Dès le début du bombardement, tout se mit à brûler dans le château. L'infanterie wurtembergeoise s'avança contre la hauteur. C'est au cimetière protestant que le combat fut le plus violent; un trou dans la porte en fer de ce cimetière montre aujourd'hui encore la force de pénétration de la balle du chassepot.

Le lieutenant-colonel Steiger était entré dans le presbytère catholique pour parler au curé. Celui-ci l'accompagnait jusqu'à sa porte, lorsqu'une balle vint passer à un doigt au-dessus de la tête du curé.

Le colonel dit :

« Retirez-vous, cette balle m'était destinée. »

Là-dessus, il monta à cheval et se porta au cimetière pour animer ses soldats. Plusieurs fois il revint au galop pour retourner aussi vite au cimetière; mais, une bonne fois, son cheval noir revint seul : le colonel était tombé. Plusieurs habitants avaient vu la scène par les soupiraux de leurs caves.

Quelques détails locaux.

1° *L'artillerie wurtembergeoise avait devant elle la plus grande largeur de la place et la plus grande masse des bâtiments à détruire. Malgré cela, le réglage fut long; mais, une fois obtenu, ce ne fut plus qu'un tir à la cible.*

Après l'effondrement de l'obusier placé au-dessus de la porte d'entrée, le bâtiment voisin (corps de garde et cuisine), prit feu le premier; puis ce fut le tour des magasins d'artillerie, du pavillon du commandant de place, de la caserne, de la manutention, des magasins aux vivres.

On n'arrive pas à comprendre comment le rapporteur du conseil d'enquête (général de Sévelinges) a pu s'abaisser à chicaner sur la portée des obusiers lisses qui armaient (si on peut dire) le fort.

Je me souviens que la première fois que je suis retourné au fort, après le bombardement, j'y trouvai un cicérone intelligent : pourtant, il avait été frappé à ce point de l'impuissance de ces obusiers (dont les boulets roulaient dans le vallon) qu'il était convaincu que c'était le fond qui les attirait.

2° *L'infanterie wurtembergeoise, elle, passait son temps à cribler de balles les créneaux des casemates et du mur. C'est ainsi que furent tués, entre autres, trois Alsaciens; d'abord, le sergent Geissler, du 96ᵉ de ligne, qui envoyait, en même temps que des coups de fusil, des injures en elsässer ditsch, aux Schwobs qu'en bon Alsacien il méprisait encore plus qu'il ne les exécrait;*

Ensuite, le brave Keller, du 18ᵉ de ligne, un enfant de Lichtenberg, et enfin le non moins brave Vogel, du 45ᵉ, un enfant de Mulhouse, celui-là.

3° Les zouaves, les tirailleurs et, je crois aussi, les chasseurs à pied, avaient bien vite renoncé aux créneaux pour tirer à même, par-dessus le mur; c'est l'un d'eux qui a tué le lieutenant-colonel von Steiger; les trois plus adroits étaient les tirailleurs Paris et El Abi Saraire et le zouave Waldeck. Les deux tirailleurs furent tués à leur tour. Waldeck a toujours soutenu que c'est lui qui avait tué le lieutenant-colonel; en qualité d'Alsacien, je me plais à penser que ce fut bien lui.

4° Le lieutenant-colonel von Steiger fut blessé à mort près du cimetière de la garnison.

Logé chez le curé, il avait dit à ce dernier :

« Allons, il faut monter prendre cette bicoque en bois. »

Le curé lui avait répondu :

« Restez ici, vous ferez bien. »

Sorti à cheval, on le rapportait, un instant après, tué.

A la porte du cimetière protestant, on voit encore le trou fait par une balle qui vint tuer un chasseur wurtembergeois, bien convaincu sans doute qu'il avait trouvé là un excellent abri.

5° Le grand et bel homme dont parle le pasteur Spach était le sous-lieutenant Mazoyer. Quand on visite les ruines du fort, le guide ne manque pas de raconter cet épisode. Le commandant Mazoyer m'a écrit, à ce sujet :

Je n'étais nullement blessé en arrivant au fort, et ce n'est pas un éclat d'obus qui m'a fait une entaille au front, comme on l'a dit.

L'accident m'est arrivé exactement comme le rapporte le pasteur Spach. Le coup fut si violent et l'arête de la pierre était si vive que j'eus assez de mal. Je porte encore une légère trace au sommet de la tête dans le cuir chevelu.

Je saignais tellement que je fus obligé d'accepter une chemise, que mon ordonnance avait dans son sac, pour remplacer la mienne, complètement souillée. J'avais eu, dès que je
vis cette hémorragie, le soin d'ouvrir ma tunique, qui eût été
absolument perdue.

*6° Il faut bien remarquer que, lorsque le brave Ar-
cher se décida à accomplir le douloureux sacrifice,
l'ennemi ne tirait plus, cela ne fait aucun doute. On
n'était incommodé que par la chaleur et la fumée,
d'ailleurs suffocantes, de l'incendie.*

*Nos soldats, d'abord tout échauffés de Frœschwil-
ler, puis un peu déçus lorsqu'ils se sentirent bien
abandonnés et enfermés, s'étaient entièrement res-
saisis.*

*Ils savaient qu'ils n'étaient pas absolument dépour-
vus de vivres, qu'il y avait des bêtes à cornes, du biscuit pour plusieurs jours; ils sentaient (ce qui s'était
produit en 1814 et 1815 et se serait reproduit en 1870)
que l'ennemi ne s'arrêterait pas longtemps devant le
fort et qu'il continuerait sa marche en avant, en se
bornant à le faire bloquer par un faible effectif.*

*La reddition fut motivée par l'état des grands bles-
sés. Ils étaient, il est vrai, et contrairement à ce qu'on
a dit, à l'abri du tir, eux, les quatre barils de poudre
et les caisses de biscuit avec lesquels ils voisinaient.
Mais le dévouement de Mme Jacob, dont je me fais le
pieux devoir de rappeler ici l'admirable conduite, ne
pouvait suppléer aux soins médicaux qui leur manquaient.*

*7° Pendant les négociations, quelques soldats, peu
soucieux d'aller en captivité, essayèrent de fuir par
une poterne située du côté nord, au-dessus du vivier
plein d'eau du fossé. Mais des coups de fusil firent
voir qu'ils avaient été aperçus.*

8° L'ouvrage du pasteur Spach, bien que véridi-

que, n'en est pas moins légèrement tendancieux; le brave Archer, à tort je le crois, se méfiait un peu de son commensal; le pasteur raconta lui-même, en 1905, à M. Bonnet, capitaine au 47e territorial et neveu d'Archer, que celui-ci avait voulu le faire arrêter par deux zouaves, mais qu'il lui pardonnait. En tout cas, ce qui est inadmissible, même pour qui connaît ces questions de « boutique », c'est que le pasteur Spach trouve à peine un mot pour la sœur et ses aides, ignore absolument le curé, et ne parle de Mme Jacob, sans la nommer d'ailleurs, que pour raconter sa crise de nerfs du 10 au matin; il n'a pourtant pu ignorer son dévouement. Donc, le brave curé s'appelait Diebolt (Michel); la sœur d'école qui soignait les blessés, avec trois autres filles, portait le nom de sœur Athanase April. Les filles étaient : Madeleine Waeffler, Marie Diss et Françoise Diebolt, sœur du curé.

9° Dans ce milieu de braves et honnêtes gens que formait, son adjoint Leininger en tête, la population de Lichtenberg et des hameaux au nom si français, Champagne et Picardie, qui en dépendent, le maire, que je ne veux pas nommer, fait un peu ombre au tableau. Archer s'en plaint, d'abord pour son peu d'empressement à déférer à ses réquisitions et ensuite par sa hâte, bien que dûment stylé, à déférer à la première demande de renseignements de l'ennemi sur l'état (précaire) de la garnison : effectif, service médical, vivres, mise en état de défense, munitions, armement enfin (le premier coup de canon de la place devait d'ailleurs confirmer l'excellence du renseignement sur ce dernier point). Les membres de sa famille furent loin de l'approuver et, en 1905, l'un d'eux en donnait encore un témoignage au capitaine Bonnet, neveu d'Archer.

*Le curé Guth plaide les circonstances atténuantes,
en ces termes, sur le premier grief :*

J'ai la bonne fortune de pouvoir vous donner sur les relations entre le sous-lieutenant Archer et le maire de Lichtenberg, des explications qui m'ont été fournies par un voisin
du maire.

Le maire... était un sujet très drôle, à l'affirmation de tout
le monde. Pas méchant, pas du tout; mais, quand on lui demandait quelque chose, il donnait des réponses si vagues
que l'interlocuteur, en sortant de la maison, ne savait pas
si le maire avait dit oui ou non.

C'est probablement cette incertitude que le sous-lieutenant
interprétait comme mauvaise volonté.

Après la victoire des Allemands à Wœrth, il y avait peut-
être encore la peur qui retenait le maire.

B. **Récit allemand.**

§ 1. — Marche de la division wurtembergeoise.

Le 9 août, à 5 h. 30 du matin, la division wurtembergeoise, quittant ses humides bivouacs d'Ingwiller,
marche sur une seule et longue colonne, par Wimmenau, sur Meisenthal, dans l'ordre suivant :

Avant-garde : 1re brigade mixte;

Gros : 2e et 3e brigades mixtes.

Dès Wimmenau, l'avant-garde se dirige à gauche
sur Puberg, où elle cantonne, formant colonne de
gauche.

Au lieu dit « la Colonne », le gros se porte à gauche sur Meisenthal, où il bivouaque, tandis qu'un bataillon du 5e régiment continue par la route sur Gœt-
zenbrück, où il cantonne, formant détachement de
flanc droit.

Comme la veille, la marche s'exécute sous une pluie
torrentielle.

La division est diminuée du détachement Hügel.

chargé d'enlever le fort de Lichtenberg, à droite de la route suivie.

Pendant la marche, la canonnade s'est fait entendre de ce côté, et en arrivant sur la hauteur de Puberg, la 1re brigade a vu, dans le lointain, les flammes de l'incendie surgissant au-dessus du village de Lichtenberg (voir ci-après).

§ 2. — Marche du détachement Hügel.

Le 9 août, vers 5 heures du matin, un *feldjäger*, venant du quartier général du prince royal établi au presbytère d'Obermodern, apporte au bivouac de la division wurtembergeoise l'ordre écrit ci-après :

On ne peut tolérer qu'il reste sur les derrières de l'armée, pendant sa marche en avant, un fort français pourvu d'une garnison, sans chercher à s'en emparer.

Le général von Obernitz envoie sur place, au général von Hügel, commandant la 3e brigade wurtembergeoise, cet ordre laconique :

Il faut s'emparer de suite du fort de Lichtenberg.

En conséquence, rompant à 5 h. 30, comme la division, le général von Hügel se dirige sur Lichtenberg avec un détachement composé comme il suit :

Demi-escadron de reîtres;

1er bataillon de chasseurs (lieutenant-colonel von Steiger);

3e bataillon de chasseurs (capitaine von Malblanc);
2e et 3e batteries légères (major von Marchtaler);
Peloton de sapeurs (lieutenant von Milkau);
Demi-ambulance.

Ce détachement fut renforcé, dans le courant de la journée, par deux compagnies du 2e d'infanterie wurtembergeoise et la 6e batterie lourde.

Nota. *Le 1ᵉʳ bataillon de chasseurs a formé le 3ᵉ bataillon du 126ᵉ d'infanterie à Strasbourg, et le 3ᵉ bataillon de chasseurs a formé le 3ᵉ bataillon du 123ᵉ d'infanterie à Ulm.*

Le mouvement se fait, en somme, en deux petites colonnes.

Le général von Hügel, avec la colonne principale, partant d'Ingwiller, prend d'abord la route de Wimmenau, puis la route Viennot, circulant entre l'Hagelsberg et le Bellenberg, pour se diriger vers le front ouest du fort.

Le capitaine von Malblanc, avec le détachement de Rothbach, remonte le Rothbachthal jusqu'à la Neumühl, pour appuyer ensuite, en partie vers le front nord, en partie vers le front est, par un autre chemin abrupt tracé dans les bois. Les 7ᵉ et 8ᵉ compagnies du 2ᵉ d'infanterie, quand elles arrivent, débouchent devant le saillant sud-est.

§ 3. — Ouverture du feu.

De bonne heure, une reconnaissance constate qu'il n'y a pas la moindre trace de dispositions de défense, la colonne se porte alors jusqu'au Bellenberg..

A 7 h. 15, des patrouilles annonçant que la garnison ne fait pas le moindre acte de défense, le général von Hügel envoie en parlementaire, vers le fort, le capitaine d'état-major Schiller.

A 7 h. 45, celui-ci revient rendre compte qu'il a été reçu à coups de fusil, tout en ajoutant qu'il est d'avis que la garnison paraît vouloir se rendre et qu'il y a lieu en conséquence de retarder le bombardement, ce qui n'est pas l'avis du général von Hügel. D'ailleurs, à ce moment même, arrive le premier coup de canon du fort, ce qui lève tout doute au sujet des intentions de la garnison; à l'effet des projectiles, on reconnaît de suite que la place n'a que de vieilles pièces lisses.

A 8 heures, l'artillerie reçoit l'ordre d'ouvrir le feu : les deux batteries, établies à cheval sur la route, l'une sur le Bellenberg, l'autre sur le Hagelsberg, commencent à tirer à 1.900 mètres, ce qui est de 500 court : on met l'erreur sur le compte du brouillard. Les batteries font alors un bond qui les amène sur les pentes du Buxenberg, à 1.500 mètres, et enfin, un dernier bond jusqu'à la Vogelhardt, où elles se trouvent à moins de 1.000 mètres. On voulut même profiter de cette circonstance pour tirer parti d'une mitrailleuse enlevée le 6, mais elle ne tarda pas à refuser le service.

Quoi qu'il en soit, les batteries bombardent le fort sans relâche, tandis que la place répond par un feu très vif, mais peu efficace, d'artillerie lisse et de chassepots.

§ 4. — Reconnaissance spéciale du génie.

Pendant ce temps, le lieutenant von Milkau, avec un de ses sous-officiers, 3 de ses sapeurs et 12 chasseurs, fait la reconnaissance spéciale du fort. Il gravit la hauteur et arrive, malgré les coups de fusil, qui blessent deux chasseurs, jusqu'à la palissade du chemin couvert dans laquelle se trouve une barrière fermée, qu'il réussit à faire sauter et dont les débris volent jusque dans l'intérieur du fort où ils provoquent des cris et des jurons. Sans s'arrêter à ce premier résultat, le sous-officier, protégé par un feu rapide des sapeurs et des chasseurs, se jette jusqu'à la porte d'entrée voûtée, *d'où il peut observer la situation de l'ouvrage et constater ceci :*

Le mur du fort est précédé d'un fossé de 8 à 10 mètres de largeur, de 5 à 6 mètres de profondeur, et partiellement creusé dans le roc;

Un pont-levis (levé) est jeté sur le fossé et une deuxième porte voûtée conduit à l'intérieur;

Un assaut du fort paraît impossible.

En conséquence, le sous-officier renonce à faire sauter la porte voûtée sous laquelle il se trouve, et revient rendre compte.

Je tiens à faire remarquer, une fois de plus, que, contrairement à la légende, les Allemands ne possédaient pas, à profusion, les plans de nos ouvrages et que, s'ils les possédaient, ils ne les avaient pas sous la main au moment opportun. J'ai fait la même remarque à propos de La Fère et de Péronne (voir Défense nationale dans le Nord). Si, plus tard, ils eurent celui de Belfort, c'est que, dans les bureaux du génie, à Strasbourg, ils en avaient trouvé un qu'on avait eu la sottise de ne pas détruire. Il ne leur servit d'ailleurs pas à grand'chose.

Devant Landrecies, l'absence de tout plan, et même de toute idée sur la fortification de Vauban, fit faire à l'artillerie allemande une erreur colossale qui sauva la ville de l'incendie.

§ 5. — Combat de feux.

a) 1er *bataillon de chasseurs :*

De son côté, le lieutenant-colonel von Steiger, laissant la 4e compagnie en soutien de batteries, s'avance, avec les trois autres, vers le village inoccupé et le traverse sans encombre.

La 1re compagnie vient se poster à gauche de la rue du village et dans le hameau de Picardie.

La 2e compagnie se loge à droite de cette rue et dans le cimetière, derrière des haies, des fossés et des petits murs.

La 3e compagnie reste derrière le village, en repli.

De leurs emplacements abrités, les deux compagnies engagées ouvrent un feu lent auquel les Français postés sur le rempart et derrière des créneaux ripostent vivement.

b) 3e *bataillon de chasseurs :*

A peu près en même temps que le 1er bataillon de chasseurs à l'ouest, le 3e bataillon atteint la hauteur à l'est.

Le capitaine von Malblanc, laissant au pied de la hauteur

sa 4ᵉ compagnie avec le peloton de reîtres, en repli, fait envelopper le fort par l'est et par le nord, par les trois autres compagnies.

Ces trois compagnies se logent à la lisière des bois et ouvrent également un feu lent, tandis qu'un groupe de 20 chasseurs de la 2ᵉ compagnie sous les ordres d'un officier, se jette jusqu'à la palissade.

Ces chasseurs démolissent à coups de hache une **autre** barrière qui se trouve dans la palissade de ce côté, mais ils sont aussi arrêtés par le fossé et forcés, par le feu des Français, de regagner la palissade où ils s'abritent et commencent à bout portant un feu qui dure pendant des heures.

c) 7ᵉ et 8ᵉ compagnies du 2ᵉ régiment wurtembergeois :

A 9 h. 1/2, les chasseurs reçoivent un secours inattendu par l'entrée en action des 7ᵉ et 8ᵉ compagnies du 2ᵉ wurtembergeois, sous les ordres du major von Grävenitz. Ces compagnies avaient été laissées le 5 à Lauterbourg comme garnison et avaient reçu, dans la nuit du 7 au 8, l'ordre de rejoindre la division.

Parties le 8 à 2 h. 1/2 du matin de Lauterbourg, elles avaient trouvé toutes les routes bondées de voitures de toute sorte et n'avaient atteint que le soir, après une marche longue et pénible, Reichshoffen, où elles avaient passé la nuit au bivouac.

Le 9 au matin, elles avaient repris la marche par Niederbronn, vers Ingwiller, lorsque, en arrivant à Rothbach, le major von Grävenitz, entendant le canon de Lichtenberg, avait pris sur lui de marcher au canon. Les deux compagnies gravirent donc le plus rapidement possible le chemin montueux tracé dans les bois.

En débouchant des bois, le major von Grävenitz, gardant une compagnie en repli, déploie l'autre en tirailleurs, devant le saillant sud-est du fort, dans l'intervalle des deux bataillons de chasseurs.

Cette compagnie parvient à s'avancer, sans être aperçue, jusqu'à 100 mètres du rempart; de là, avec 30 hommes, le major von Grävenitz, en personne, gravit le mamelon et pousse jusqu'à la palissade où les tirailleurs qui l'accompagnent se couchent à l'abri du tir des défenseurs.

Arrêtés par le fossé, comme les chasseurs, ces tirailleurs entretiennent de là un feu bien dirigé entre les créneaux.

§ 6. — Résultat du combat de feux et du bombardement.

Le feu bien dirigé des chasseurs empêche les Français de canonner les batteries; car, dès que ceux-ci montrent une tête, un bras ou une partie quelconque du corps sur le rempart ou aux créneaux, une grêle de balles s'abat sur eux, et l'on constata, le lendemain, que les Français tués avaient tous été atteints à la tête.

A 10 h. 1/2, l'artillerie du fort est réduite au silence.

Dès lors, les deux batteries légères se contentent de lancer des obus dans l'intérieur du fort, tandis que les meilleurs tireurs tiennent les créneaux sous leur feu.

En inspectant la ligne d'investissement, le général von Hügel remarque une tour-ravelin (*sic*) des créneaux de laquelle arrivait une fusillade violente et très bien dirigée, provenant de tireurs très bien abrités; il remarque surtout un créneau qui était organisé de telle façon avec des pierres que le tireur paraissait complètement couvert et qu'on ne voyait que sortir et rentrer le canon du fusil. Le tireur était un très bon tireur.

Le général, dont le cheval avait été blessé par une balle venue de ce créneau, donna à deux chasseurs l'indication de diriger leurs carabines sur le point d'où le canon du fusil était poussé, et de faire partir leurs coups simultanément sur l'ouverture.

A la deuxième décharge, les pierres qui garnissaient le créneau s'écroulent et le buste d'un sous-officier vient s'affaisser hors du créneau, tandis que, le long du mur, coule un ruisseau de sang (dont la trace était encore visible au bout de plusieurs années).

Mais, en somme, on n'obtient aucun résultat, à part que, de la caserne, surgissent des flammes et que la petite tour-ravelin est en ruines.

Cependant, le général von Hügel ayant rendu compte qu'avec les pièces de 4 il n'y a rien à faire contre le fort, le général von Obernitz, en réponse, a donné l'ordre à la 6e lourde, en marche d'Ingwiller sur Hambach, de rebrousser vers Lichtenberg.

Entre 11 h. 1/2 et midi, la batterie de 6 arrive en ligne et prend position à la gauche des deux batteries de 4.

Suivant les uns, elle aurait presque aussitôt obtenu, à l'aide d'obus incendiaires, le résultat d'allumer un grand incendie.

Suivant les autres, cet incendie aurait simplement coïncidé avec son arrivée.

. Quoi qu'il en soit, on entend, à ce moment-là, de grands cris dans le fort, et on voit les défenseurs amener sur le rempart un certain nombre de bêtes à cornes : suivant les uns, pour les soustraire à l'incendie; suivant les autres, pour montrer que le fort était largement muni de vivres.

Le lieutenant-colonel von Marchtaler fait alors avancer deux des sections de 6 jusqu'à 500 mètres du saillant sud-est.

. Elles ont pour résultat : suivant les uns, d'augmenter la violence de l'incendie; suivant les autres, d'allumer de nouveaux incendies sur divers points du fort.

Le général von Hügel envoie alors, une deuxième fois, le capitaine d'état-major Schill avec un trompette et un fanion blanc (pris à l'ambulance) au pont-levis, pour sommer le fort; mais, en fait de réponse, il reçoit encore des coups de fusil et est obligé de se retirer au plus vite.

§ 7. — Rupture de combat.

Bientôt après, arrive l'ordre suivant du général Obernitz :

Au cas où aucun résultat ne serait obtenu avec les pièces de 6, il faut se borner à faire bloquer le fort par un bataillon et rallier la division avec le reste.

Le général von Hügel désigne, pour rester, le 1er bataillon de chasseurs et le demi-escadron de reîtres.

En conséquence, à 4 heures, tandis que le 1er bataillon de chasseurs occupe les points les plus propres à assurer le blocus, les autres troupes se retirent lentement du feu.

. La rupture fut facile pour les batteries et le 3e bataillon de chasseurs; il n'en fut pas de même pour la compagnie engagée du 2ᵉ régiment; la protection de l'opération coûta également du monde au 1ᵉʳ bataillon de chasseurs.

a) 1ᵉʳ *bataillon de chasseurs :*

Le lieutenant-colonel von Steiger se tient à cheval, au milieu de la rue du village, ayant à côté de lui son officier adjoint, et donne un ordre lorsqu'il reçoit une balle. On le transporte dans le village, où il meurt dans la nuit, il paraît que son cheval noir avait servi de mire à un zouave qui raconta, étant prisonnier, qu'il avait tiré douze balles sur lui sans l'atteindre, et qu'à la treizième il l'avait vu tomber.

Presque aussitôt, le capitaine von Borst, commandant la 2ᵉ compagnie, a trois doigts de la main droite enlevés par une balle.

Le capitaine Süssdorf, commandant la 4ᵉ compagnie, prend le commandement du bataillon.

b) 3ᵉ *bataillon de chasseurs :*

Dès que les compagnies de chasseurs quittent leur position abritée, les salves se succèdent. La 2ᵉ compagnie a 2 chasseurs tués et 6 blessés (dont le feldwebel).

Une fois rassemblé, le bataillon marche sur Meisenthal, où il arrive tard dans la nuit, après une marche de cinq heures, au bivouac de la 2ᵉ brigade; il est vrai qu'il était sans sacs (ses sacs, déposés le 6 août à Reimerswiller, ne le rejoignirent que le lendemain, et ce n'est qu'alors que les hommes purent se changer).

c) Compagnies du 2ᵉ *régiment :*

De son côté, la compagnie du 2ᵉ, engagée de plus

près encore, perd 4 tués et 15 blessés, entre le moment où elle se lève et celui où elle est à l'abri du bois.

Les deux compagnies couchent à Rothbach, d'où elles rejoignent le lendemain leur régiment à Meisenthal.

d) Batteries :

Tandis que les 2ᵉ et 3ᵉ batteries légères amènent les avant-trains et se retirent, la 6ᵉ lourde continue le feu, puis se retire à son tour, sur l'ordre du général von Hügel.

Il est 5 heures quand la batterie se retire, et elle est déjà en marche, lorsque tout à coup les flammes éclatent et s'élèvent en une longue colonne du toit du bâtiment principal.

Les défenseurs manquaient de moyens de combattre l'incendie et, de plus, dans leur ardeur à tirer sur les assaillants en retraite, ils avaient négligé ou cessé de le combattre.

§ 8. — Acte d'initiative qui aurait déterminé la capitulation.

En voyant cela, le lieutenant-colonel von Marchtaler prend sur lui de faire rebrousser chemin à la batterie lourde et lui donne l'ordre de rouvrir le feu.

La batterie fait demi-tour et ouvre, à 1.300 mètres, un feu violent sur le foyer de l'incendie, jusqu'à ce que le bâtiment s'écroule.

La chaleur, paraît-il, devient alors intolérable dans le fort, le magasin à poudre est menacé par les flammes; il est alors 7 heures.

A 7 h. 1/2, le commandant du fort se décide à la reddition.

A 8 heures, un pavillon blanc apparaît sur le rempart. Les pièces se taisent et la batterie lourde se remet aussitôt en marche vers Meisenthal.

A la vue du pavillon blanc, le capitaine Süssdorf, qui a pris le commandement du bataillon de chasseurs, envoie dans le fort, en le faisant accompagner par le maire de Lichtenberg, un lieutenant pour parlementer avec le commandant du fort.

Avant tout, 35 *grands blessés* sont retirés avec l'aide des paysans du château en flammes et transportés à l'école du village.

Le commandant du fort se rend ensuite de sa personne dans le village, au presbytère, et conclut, avec le capitaine Süssdorf, une convention portant que la place serait rendue le lendemain avec tout le matériel qu'elle renfermait; et que la garnison serait prisonnière de guerre, les officiers devant conserver leur épée et leurs effets personnels.

La convention fut approuvée le 11 août par le Prince royal.

CHAPITRE XVI

Mercredi 10 Août

A. — Récits français.

Mémoire du sous-lieutenant Archer.

Au milieu de mes angoisses, le jour parut enfin.

Au moment où je réunissais mon détachement pour en faire l'appel, un triste incident se passa dans le fort : quelques paysans, avec leurs voitures, avaient été requis par le maire pour descendre dans le cimetière les cadavres de nos malheureux compagnons d'armes qui avaient succombé pendant la lutte.

Les hommes chargés de cette triste besogne venaient de transporter le dernier dans une voiture, lorsque le paysan à qui elle appartenait jeta un cri sourd et tomba sans connaissance au pied de son véhicule. Quand il revint à lui, il m'apprit, au milieu de sanglots étouffés, qu'il venait de reconnaître son fils unique dans le dernier cadavre qui gisait devant nos yeux...

L'appel terminé, je jetai un dernier et douloureux regard sur les ruines encore fumantes que nous abandonnions et, à la tête de mon détachement, je franchis le pont-levis de l'autre côté duquel le détachement wurtembergeois nous rendait les honneurs.

Les prisonniers furent conduits dans l'église du village, où ils devaient passer la journée, pour être dirigés le lendemain sur Wissembourg, ainsi que cela avait été convenu.

Les trois officiers furent laissés libres dans l'intérieur du village, afin de pouvoir terminer les quelques affaires qui leur restaient à régler avec plusieurs habitants.

A 9 heures, je remontai au fort avec le commandant prussien et, après lui en avoir livré les débris que l'incendie n'avait pu dévorer, je me hâtai de quitter ces tristes lieux, où s'était anéantie notre dernière espérance...

Après m'être concerté avec les autorités prussiennes et le curé du village, il fut décidé que nos morts seraient enterrés à 11 heures. Toute la population se porta à l'humble cimetière où devaient reposer les restes des braves qui avaient succombé pendant la défense.

L'excellent prêtre qui, depuis la reddition du fort, apportait un si grand zèle dans les soins qu'il prodiguait à nos pauvres blessés, prononça quelques paroles touchantes **et** bien senties, et, après leur avoir adressé mes derniers adieux, nous nous retirâmes émus, pour faire place à **nos** vainqueurs qui venaient également enterrer leurs **morts** avec toute la pompe militaire que les Allemands déploient ordinairement dans ces circonstances.

Les plus grands soins furent donnés immédiatement à tous les blessés par les médecins wurtembergeois et le médecin français d'Ingwiller (M. Kummer), qui n'avait pu arriver à temps pour s'enfermer avec nous dans la place. Quelques amputations, malheureusement trop tardives, achevèrent trois ou quatre hommes qui, déjà depuis quarante-huit heures, avaient perdu connaissance.

Plusieurs habitants pleins de dévouement secondèrent les médecins et, au bout de quelques jours, la plupart des blessés purent être transportés dans les grandes ambulances d'Ingwiller et de Haguenau, où ils achevèrent leur guérison.

Récit du commandant Mazoyer :

Quoique le récit du pasteur Spach soit souvent intéressant, je ne puis cependant l'excuser de n'avoir pas trouvé un mot d'éloge pour la vaillante femme du portier-consigne laissée en proie à une violente crise de nerfs, le 10 au matin, dans la cour du fort, et ne sachant que faire, où aller !

Autant que je puis me le rappeler, nous assistâmes à l'inhumation de treize des nôtres dans le cimetière de Lichtenberg.

La cérémonie, si elle ne fut pas rehaussée de la pompe militaire qui a si fortement impressionné le pasteur lors des obsèques des Wurtembergeois, ne fut pas moins faite avec décence et même avec un certain apparat. Le curé, dont le pasteur ne parle pas, y présidait; Archer, Brun et moi y assistions ainsi que tous nos gradés et les soldats amis personnels des victimes; les officiers allemands étaient présents; une nombreuse partie de la population s'était portée au cimetière et nous prouva, par sa tenue et ses propos, combien elle prenait part à nos peines.

Mais tous les tués furent-ils enterrés là ? Je crois bien qu'un d'eux au moins fut réclamé par les siens; c'est le petit soldat dont j'ai parlé. Je vous ai conté comment sa mère vint pour l'embrasser après la reddition du fort.

De plus, dans l'après-midi ou le surlendemain, j'assistai, en visitant nos blessés, à l'amputation de la jambe d'un de mes soldats, *Floutard;* il succomba, et j'ai laissé dans un état comateux, sans espoir de survivre, deux ou trois autres soldats du 17ᵉ.

Rolland, prévôt de danse de ma compagnie, mourut aussi. Je n'ai conservé les noms que des hommes de mon régiment. Peut-être, et même très probablement, d'autres blessés, de corps différents, décédèrent. Archer avait pris le nom de tous. Mais s'il y avait de grands blessés, plusieurs aussi l'étaient légèrement.

Le chiffre d'une cinquantaine de blessés m'est resté dans la tête.

Traduit de l'ouvrage Spach :

Le fort présente un aspect lamentable. Partout des flaques de sang et des éclats d'obus. La garnison française, muette et abattue, les visages noirs de poudre et de fumée.

A la chapelle, le sous-lieutenant Archer, en bras de chemise, écrit, penché sur un banc. La femme du portier-consigne Jacob a une attaque de nerfs.

— Mais où sont donc les blessés ?

On les a descendus dans la salle d'école de la sœur.

Et les morts ?

Là bas, sous le cerisier. Il y en a 13. Entre autres, un zouave qui a la tête fracassée, un de nos 6 artilleurs, à qui un obus a arraché le bas-ventre, le sergent Geissler avec sa tête trouée par une balle.

Une heure plus tard, les 13 corps furent descendus, sur un char à ridelles, au petit cimetière militaire, sur la route du hameau de Champagne, et enterrés sans chant ni musique.

J'allai visiter les blessés français, à l'école catholique des filles.

Ils étaient couchés dans la grande salle, sur de la paille, et soignés par des médecins wurtembergeois. Quel spectacle ! L'un avait les deux yeux arrachés par une balle; un autre avait la jambe gauche fracassée; un troisième était étendu sans connaissance dans la salle à manger de la sœur : un obus lui avait presque arraché toute la figure.

Un fantassin était couché sur un brancard dans la chambre à coucher de la sœur; on allait l'amputer d'une jambe.

Les Wurtembergeois tués (le lieutenant-colonel von Steiger et 6 hommes) furent enterrés le même jour, en cérémonie, au cimetière protestant de Lichtemberg.

Récit de M. le curé Güth :

Les blessés allemands étaient pansés dans la maison forestière, en allant vers Ingwiller, et ceux qui étaient transportables étaient aussitôt expédiés vers des ambulances plus importantes.

Les blessés français étaient soignés à l'école catholique.

Le soldat Keller, natif de Lichtenberg, en se retirant de Frœschwiller, s'était naturellement dirigé vers son village natal. Sa famille essaya de lui persuader de se débarrasser de son uniforme, puisque tout était perdu. Mais il dit : « C'est mon devoir de défendre la patrie » et il se rendit au château pour se joindre aux défenseurs.

Lorsque le drapeau blanc fut arboré et une suspension d'armes conclue, ses parents s'approchèrent des remparts; Keller leur cria d'en haut :

« Mère, c'est fini, je vais venir bientôt. »

A ce moment, un soldat allemand tirait un dernier coup de fusil et Keller eut la tête traversée par la balle. Son nom figure sur le monument français.

Quelques jours après, on retrouva dans le bois, du côté de Rothbach, un malheureux blessé français, venu de Frœschwiller, qui avait succombé à ses blessures en cherchant à gagner le fort.

Il est à noter que tous les enfants nés ici après le bombardement moururent bientôt ou restèrent anémiques et faibles. On les nomma : enfants de la guerre.

B. — **Récits allemands**

A 8 heures du matin, les chasseurs entrent dans le fort, au son de la musique; ils trouvent tous les bâtiments en ruines ou prêts à s'écrouler.

La 4ᵉ compagnie, désignée comme garnison, prend livraison des armes et des munitions, puis s'occupe d'éteindre l'incendie et de vider le magasin à poudre, qui est trouvé ouvert bien que contenant 30.000 cartouches de fusil et 30 barils de poudre (*sic*).

Les autres compagnies, après une heure de repos, quittent le fort et viennent cantonner dans le village.

Le même jour, l'hôpital de campagne n° 4 arrive à

Lichtenberg et entreprend le service médical des 24 blessés wurtembergeois et des 70 blessés français (*sic*).

On procède dans la matinée à l'enterrement de 13 tués français et, dans l'après-midi, à celui du lieutenant-colonel von Steiger et de 12 tués wurtembergeois; les officiers français assistent à l'enterrement.

Le fort occupé, la garnison est conduite au village et enfermée dans l'église. Ce fut un curieux spectacle : zouaves, cuirassiers, turcos, fantassins, artilleurs, tout était mêlé; la plupart avaient un bâton à la main et du biscuit pendu au cou par une ficelle.

Le même jour, les prisonniers, sous l'escorte d'un peloton de reîtres, avec quelques chasseurs, sont conduits à la voie ferrée (ils arrivèrent le 13 août, à 5 heures du soir, à Stuttgart).

Le bataillon de chasseurs, laissant sa 4e compagnie en garnison à Lichtenberg, se mit en marche à son tour le 12 août, à 8 heures du matin, et rejoignit la division le même jour au bivouac de Rauwiller.

CHAPITRE XVII

Consommations et pertes

§ 1. — Munitions consommées.

Du côté français, comme toujours, on ne sait rien à ce sujet.

Du côté allemand, je n'ai le renseignement que pour les obus tirés :

2e batterie légère : 369 (321 à balles, 48 incendiaires);

3e batterie légère : 456 (à balles);

6e batterie lourde : 500 (476 à balles, 24 incendiaires).

Total : 1.325 (1.253 à balles, 72 incendiaires).

§ 2. — Pertes.

Morts. — A plusieurs reprises, le sous-lieutenant Archer a indiqué, comme chiffre de morts, 21.

Le nombre des tués sur place, comptés et recomptés par M. Spach, est de 13. A ces 13 il convient d'ajouter 7 blessés qui sont morts après coup, dont 4 à Lichtenberg et 3 à Ingwiller.

En tout cas, le nombre des enterrés au cimetière de Lichtenberg est de 17; celui des enterrés au cimetière d'Ingwiller est de 3; il semblerait que le vingt et unième est un homme qui a été réclamé par sa famille et enterré dans une commune des environs.

Blessés. — 34, 35, 38 ou 42, suivant les documents.

J'ai la bonne fortune de pouvoir reproduire ci-après

une liste authentique établie par le docteur Kummer père, d'Ingwiller, un vieil ami de mon père (comme son fils était le mien) et qui m'a été remise par la veuve de ce dernier, ce dont je tiens à la remercier ici.

D'après cette liste, le nombre des blessés graves serait de 34, dont 9 provenant de Frœschwiller et 25 blessés au fort; le nombre des blessés légers serait de 17, en tout 51 (y compris 7 morts après coup) plus 2 malades graves.

Ce nombre de 34 coïncide à peu près avec celui des blessés qui furent descendus au village, d'après les Allemands (35).

Autre base : 31 blessés (13 graves, 18 légers) furent transportés le 10, de Lichtenberg à Ingwiller, où ils furent soignés par le docteur Kummer; 10 blessés graves furent encore transportés à Ingwiller le 12 et le 20 (dont 3 y moururent, je le répète). Il resta à Lichtenberg 10 blessés graves (dont 4 y moururent).

En tout 51 blessés dont 7 moururent après coup.

Soit, en résumé, 44 blessés qui guérirent.

Ces blessés furent emmenés en captivité par les Prussiens : je vois encore d'ici les scènes auxquelles donnait lieu chacun des départs — je devrais dire des enlèvements — de blessés. J'ai vu là, comme tous ceux de ma génération l'ont vu, la sainte frousse que, même blessés, prisonniers, désarmés, mutilés et grelottants, même morts, nos turcos inspiraient aux soldats allemands !

Je vois encore deux beaux turcos (un Kabyle et un Soudanais), n'ayant que deux bras à eux deux, faire trembler un poste de 15 Prussiens armés jusqu'aux dents, en rire ensuite jusqu'aux larmes, et se laisser finalement emmener dociles, calmes et méprisants.

En résumé : 20 morts et 44 blessés.

Il reste un aléa : y a-t-il eu, oui ou non, un vingt et unième mort? Je ne sais. Dans les 35 blessés descendus au village, les 2 malades graves étaient-ils compris? Je pense que oui, mais je ne sais.

§ 3. — Listes nominatives.

Je dois les listes des enterrés à mon ami d'enfance Henri Blum, d'Ingwiller, que je remercie ici :

Enterrés à Lichtenberg :

 1. Bellier (Louis). . . . . . . 2ᵉ régiment de zouaves.
 2. Gros (Jean). . . . .   Id.
 3. Paris (Jean). . . . . 2ᵉ tirailleurs algériens.
 4. El Abi Saraire. . . . . . 17ᵉ de ligne.
 5. Barret (Aug.-Antoine).   Id.
 6. Bidard (Gabriel). . . .   Id.
 7. Dupont (Joseph). . . .   Id.
 8. Geissler (Joseph). . . . Sergent au 96ᵉ de ligne.
 9. Keller (Louis). . . . . . 18ᵉ de ligne (enfant de Lichtenberg).
10. La Courèze (Jean). . . . 99ᵉ de ligne.
11. Grand (Jacques). . . . 3ᵉ de ligne.
12. Rémi (André. . . . . . . 45ᵉ de ligne.
13. Vogel (François-Ant.).   Id.
14. Roques (Jules). . . . . . 9ᵉ cuirassiers.
15. Frelin (Jos.-Antoine). 5ᵉ d'artillerie.
16. Guichard (Jules). . . . Sous-chef artificier au 6ᵉ d'artillerie.
17. Bousin (Philippe). . . . 2ᵉ canonnier au 6ᵉ d'artillerie.

Enterrés à Ingwiller :

18. Frey (Auguste). . . . . . 96ᵉ de ligne (le 16 août).
19. Rolland (Joseph). . . . 17ᵉ de ligne (le 21 août).
20. Flottard (Augustin). . . .   Id.   (le 7 octobre).

LISTE DES BLESSÉS AU FORT DE LICHTENBERG DANS LA JOURNÉE DU 5 AOUT 1870, signée du docteur Kummer.

Du 1ᵉʳ zouaves :

Decheney (2ᵉ bataillon, 5ᵉ compagnie) : plaie par coup de feu.
Puginier (1ᵉʳ bataillon, 6ᵉ compagnie) : coup de feu par le nez et maxillaire.

Du 2ᵉ zouaves :

Horoy (Charles) (3ᵉ bataillon, 2ᵉ compagnie) : éclat à la
fesse gauche.

Du 99ᵉ :

Wolff (musicien) : coup de feu au quatrième doigt gauche
et paroi abdomen.
Guittard (1ᵉʳ bataillon, 6ᵉ compagnie) : contusion œil droit,
plaie à la cornée.

Du 30ᵉ :

Jannaud (3ᵉ bataillon, 6ᵉ compagnie) : déchirure cuisse
droite et fesse, par éclat.

Du 17ᵉ :

+ Guivach (3ᵉ bataillon, 2ᵉ compagnie) : contusions côtes,
par éclat.
+ Galland (3ᵉ bataillon, 2ᵉ compagnie) : déchirure iris œil
gauche, perte de la vue.
+ Audibert (2ᵉ bataillon, 6ᵉ compagnie) : contusion muscles
avant-bras et bras droit, coup de feu.
+ Piquemal (2ᵉ bataillon, 6ᵉ compagnie) : plaie contuse à la
mâchoire inférieure.
+ Charles (2ᵉ bataillon, 6ᵉ compagnie) : contusion.
+ Comminge (2ᵉ bataillon, 2ᵉ compagnie) : fracture (écrase-
ment) du 3ᵉ métacarpien.
+ Flottard (2ᵉ bataillon, 6ᵉ compagnie) : fracture jambe,
coup de feu (amputation).
+ Rolland (2ᵉ bataillon, 6ᵉ compagnie) : plaie énorme région
lombaire (obus).
+ 4718 (2ᵉ bataillon, 6ᵉ compagnie) : balle dans la tête, côté
droit (mort).

Du 16ᵉ chasseurs :

Dupuy (8ᵉ compagnie) : coup de feu fausses côtes, lésion
intestin.

Du 21ᵉ :

Levasseur (2ᵉ bataillon, 1ʳᵉ compagnie) : coup de feu dans
l'oreille et l'œil droit.

Du 18e :

Verdier (3e bataillon, 3e compagnie) : coup de feu bras gauche, sans fracture.

+ Mengel : balle dans la tête, côté gauche, hémiplégie droite (mourant).

Du 96e :

Bailly (3e bataillon, 4e compagnie) : contusion cuisse gauche, coup de feu.

+ Capelle (4e bataillon, 1re compagnie) : lésion de l'omoplate, coup de feu.

+ Maillant (3e bataillon, 4e compagnie) : coup de feu épaule droite, sans fracture.

Du 5e d'artillerie :

Delaere : plaie par coup de feu à la tête, côté gauche.

Du 8e cuirassiers :

Roch (3e escadron) : plaie contuse à la fesse et au pied, fièvre éruptive.

Du 9e cuirassiers :

Prey (4e escadron) : coup de feu dans la colonne vertébrale, paraplégie.

Provenant du 6 août.

Du 1er zouaves :

Vincent (1er bataillon, 5e compagnie) : plaie contuse à la tête, par coup de feu.

Du 2e tirailleurs :

Achmet ben Mounat (2e bataillon, 6e compagnie) : contusion 3e côte droite.

Du 47e :

Burdet (1er bataillon, 6e compagnie) : plaie hypocondre et avant-bras gauche, coup de feu.

Du 56e :

Hugon (3e bataillon, 4e compagnie) : déchirure médius droit.

Du 36ᵉ :

Demolin (3ᵉ bataillon, 4ᵉ compagnie) : plaie contuse main droite, par éclat.

Du 3ᵉ :

+ Martin (3ᵉ bataillon, 2ᵉ compagnie) : coup de feu partie inférieure de la cuisse.

Du 48ᵉ :

+ Longuépée (3ᵉ bataillon, 4ᵉ compagnie) : coup de feu à l'orteil droit.

Du 96ᵉ :

+ Mège (3ᵉ bataillon, 4ᵉ compagnie) : contusion légère des mains.

Du 13ᵉ chasseurs à pied :

+ Reboussin (5ᵉ compagnie) : plaie contuse au cou.

Malades.

Du 13ᵉ bataillon de chasseurs :

Friganaud (5ᵉ compagnie) : fièvre intermittente.

Du 2ᵉ zouaves :

Bany (3ᵉ bataillon, 3ᵉ compagnie) : fièvre gastrique.

Liste de 9 blessés graves à Lichtenberg, le 9 août, soignés à Ingwiller à partir du 12 août.

Frey (Auguste), du 96ᵉ, 3ᵉ bataillon, 4ᵉ compagnie. De Strasbourg. — Balle entrée dans la région lombaire. Colonne vertébrale brisée. Déchirure de la moelle épinière. Paraplégie complète. Une autre balle dans la partie inférieure externe de la cuisse droite, extraite à l'hôpital d'Ingwiller. — Mort le 16 août.

Rolland (Joseph), du 17ᵉ, 2ᵉ bataillon, 6ᵉ compagnie. De Labellagère, canton de Pressigny-le-Grand (Indre-et-Loire). — Plaie énorme dans la région lombaire par éclat de bombe. Commotion de la moelle, gangrène. — Mort le 21 août.

Audibert, du 17ᵉ, 2ᵉ bataillon, 6ᵉ compagnie. — Plaie musculaire profonde dans l'avant-bras et le bras droit, par des balles. — Enlevé par les Prussiens le 29 septembre.

Flottard (Augustin), du 17e, 2e bataillon, 6e compagnie. — Fracture et plaie énorme de la jambe gauche par éclat d'obus. Amputation le 10 août. Suppuration abondante de la cuisse. — Mort le 7 octobre.

Puginier (Joseph), du 1er zouaves, 1er bataillon, 6e compagnie. — Balle par le nez à sa partie moyenne et le maxillaire supérieur; sans lésion palatine. Yeux intacts. Guérison. — Enlevé par les Prussiens le 29 septembre.

Delacre, du 5e d'artillerie. — Plaie par balle sur le côté gauche de la tête. Dépression des os du crâne. Hémiplégie incomplète très prononcée à la figure. Embarras dans la parole. Amélioration progressive. Guérison de la plaie. — Enlevé par les Prussiens le 29 septembre.

Levasseur, du 21e, 2e bataillon, 1re compagnie. — Coup de feu dans l'oreille droite, balle sortie par l'œil du même côté. Déchirure du pavillon de l'oreille. Perte complète de l'œil. — Enlevé par les Prussiens le 29 septembre.

Burdel, du 47e, 1er bataillon, 6e compagnie. — Coup de feu à l'avant-bras droit. Plaie musculaire; forte contusion avec escharre à la région épigastrique, à l'endroit de la plaque du ceinturon. — Enlevé par les Prussiens le 29 septembre.

Roch, du 8e cuirassiers, 3e escadron. — Plaie contuse à la fesse et au pied droit. Fièvre avec symptômes typhoïdes. Guérison. — Enlevé par les Prussiens le 29 septembre.

Blessé arrivé à Ingwiller le 20 août.

Dupuy, du 16e chasseurs à pied, 8e compagnie. — Coup de feu dans le bas-ventre, entre les côtes et la crête iliaque. Lésion intestinale. Anus contre nature. Sans péritonite. Amélioration progressive. — Enlevé par les Prussiens en décembre.

Nota. — *Je me souviens parfaitement du canonnier Delaere; il a été soigné chez le tanneur Stephan; ainsi que du fantassin Burdel, soigné chez le maire; et enfin du cuirassier Roch, qui était soigné chez le meunier Stephan.*

Liste de 18 blessés légers à Lichtenberg et soignés à Ingwiller.

(Je ne sais à quelle date ils y ont été amenés.)

Du 17e :

Holl, sergent (2e bataillon, 6e compagnie) : large contusion sur le côté droit de la partie supérieure de la cuisse.

Ditel (3e bataillon, 2e compagnie) : plaie au bout du nez.

Pin (2e bataillon, 6e compagnie) : plaie contuse sur le côté gauche de la poitrine.

Imberton (3e bataillon, 3e compagnie) : plaie contuse sur la partie supérieure du bras.

Compan (2e bataillon, 5e compagnie) : contusion légère au genou.

Du 47e :

Defosse (3e bataillon, 5e compagnie) : légère contusion à la jambe.

Du 3e :

Gramont (3e bataillon, 6e compagnie) : plaie contuse sur la tête.

Du 99e :

Hugues (2e bataillon, 4e compagnie) : coup de feu ayant traversé le pavillon de l'oreille et effleuré la tempe.

Du 96e :

Lebois, caporal (4e bataillon, 1re compagnie) : contusion au bras.

Colin (4e bataillon, 1re compagnie) : contusion à la cuisse.

Du 13e bataillon de chasseurs :

Armand, sergent-major (1re compagnie) : plaie contuse dans le pavillon de l'oreille droite.

Du 1er zouaves :

Allard (2e bataillon, 5e compagnie) : petite plaie au front.

Du 2e zouaves :

Constantin (1er bataillon, 4e compagnie) : plaie contuse à la fesse et au-dessus du genou.

Rapin (2e bataillon, 4e compagnie) : contusions aux sourcils.

Valier (1er bataillon, 2e compagnie) : contusions légères au front.

· Du 1er tirailleurs :

Mahomet Resbadji (?) (2e bataillon, 6e compagnie) : déchirure au petit doigt de la main gauche.

Du 5e d'artillerie :

Schreyck (2e batterie) : plaie au front.

Du 6e d'artillerie :

Parisot (12e batterie) : contusions au pied droit.

Sur la liste des blessés du 6 août, jointe à l'historique du 13e bataillon de chasseurs, figurent :

Le sergent-major Arnaud (et non Armand), avec la mention « éclat d'obus à la tête »;

Le sergent (et non sergent fourrier) Reboussin, avec la mention : « atteint d'un éclat d'obus au côté gauche du cou ».

ETAT NOMINATIF des militaires qui se sont distingués pendant la défense du fort de Lichtenberg et de ceux qui ont été grièvement blessés.

NOMS.	GRADES.	CORPS AUXQUELS ils appartiennent.	OBSERVATIONS.
Mazoyer.....	Sous-lieutenant.	17e de ligne.	S'est réfugié au fort à la suite de la bataille de Frœschwiller et n'a pu en sortir pour rejoindre son régiment. Blessé à la tête par un éclat d'obus. A su maintenir les hommes à leur poste, pendant les deux jours qu'a duré la défense, et s'est constamment porté aux endroits les plus dangereux.

NOMS.	GRADES.	CORPS AUXQUELS ils appartiennent.	OBSERVATIONS.
Turières.....	Jeune soldat.	Id.	A montré un très grand sang froid. en restant toute la journée du 9 au-dessus de la porte d'entrée du fort sur laquelle l'ennemi dirigeait la plus grande partie de son feu : c'est avec une très grande peine que j'ai pu le relever du poste périlleux qu'il occupait.
Charles......	Id.	Id.	Id.
Mandon	Id.	Id.	Id.
Armand......	Sergent-major.	13e bataillon de chasseurs à pied.	Contusionné.
Reboussin....	Sergent-fourrier.	Id.	Blessé au cou par un éclat d'obus.
Dupuy........	Soldat.	16e bataillon de chasseurs à pied.	Blessé au ventre par une balle.
Lebois	Caporal.	96e de ligne.	Blessé au bras par un éclat d'obus. A traversé les lignes ennemies le 8 août pour aller porter une dépêche au commandant du fort de la Petite-Pierre. Pendant la défense, s'est toujours montré aux endroits périlleux.
Maillant	Soldat.	Id.	Blessé à l'épaule par une balle.
Mège........	Id.	Id.	Blessé à la main par un éclat d'obus.
Frey........	Id.	Id.	Blessé dans les reins par une balle.
Capel.......	Id.	Id.	Blessé à la tête par un éclat d'obus.
Legris	Id.	Id.	Contusionné au bras droit par un éclat.
Archer	Sous-lieutenant.	Id.	Contusionné à la poitrine.
Decheney	Zouave.	1er zouaves.	Blessé à la tête par une balle.
Vincent......	Id.	Id.	Blessé au crâne par une balle.

NOMS.	GRADES.	CORPS AUXQUELS ils appartiennent.	OBSERVATIONS.
Puginier.....	Zouave.	Id.	Blessé à la figure par une balle. Est resté constamment debout sur le parapet, dirigeant un feu incessant sur les tirailleurs wurtembergeois qui tentaient de gravir l'escarpement du fort.
Rapin........	Zouave.	2e zouaves.	Contusionné par un éclat d'obus. Même citation.
Waldeck.....	Id.	Id.	Contusionné par un éclat d'obus. Même citation, et, en outre, a donné la mort au colonel prussien (sic) de Steiger qui cherchait à inspecter les approches de la place.
Horoy	Id.	Id.	Blessé à la tête par un éclat d'obus.
Démolin......	Soldat.	36e de ligne.	Blessé à la main par un éclat d'obus.
Longuépée ...	Soldat.	45e de ligne.	Blessé par des éclats d'obus au pied droit et à la cuisse.
Burdet.......	Soldat.	47e de ligne.	Blessé aux deux bras par une balle et à la cuisse par un éclat d'obus.
Hugon........	Soldat.	56e de ligne.	Blessé à la main par une balle,
Verdier......	Soldat.	18e de ligne.	Blessé au bras par une balle.
Jeannot......	Soldat.	30e de ligne.	Blessé à la cuisse par un éclat d'obus.
Levasseur....	Soldat.	21e de ligne.	Blessé à la figure par une balle.
Martin.......	Soldat.	3e de ligne.	Blessé au mollet par un éclat d'obus.
Roch........	Soldat.	8e cuirassiers.	Blessé à la cuisse et au bas de la jambe par un éclat d'obus.

NOMS.	GRADES.	CORPS AUXQUELS ils appartiennent.	OBSERVATIONS.
FONVIELLE....	Maréchal des logis.	5ᵉ d'artillerie.	Avait été envoyé de Strasbourg au début des hostilités, avec un détachement de cinq artilleurs pour exécuter quelques travaux indispensables pour la défense du fort. Ce sous-officier m'a prêté un concours des plus dévoués avant et pendant l'attaque. Les cinq vieilles pièces dont le fort était armé n'ayant pu nous servir, faute de munitions, le maréchal des logis Fonvielle a commandé le poste chargé de la surveillance de la porte d'entrée.
DELAERE......	Canonnier.	Id.	Blessé à la tête par un éclat d'obus ; est resté paralysé de la langue pendant quatre mois. Se ressentira toujours de sa blessure. S'est très bien conduit.
PARISOT......	Maréchal des logis chef.	6ᵉ d'artillerie.	Contusionné.

§ 4. — Prises.

D'après les documents allemands, la prise fut de :

> 3 officiers et 213 à 222 troupe;
> 7 pièces de canon;
> 204 chassepots;
> 30.000 cartouches.
> 30 quintaux de poudre;
> Une quantité de gabions et de fascines;
> 10 bêtes à cornes.

Le nombre des officiers est exact.

En ce qui concerne les hommes, conformément à un travers que j'ai maintes fois signalé (voir Défense nationale dans le Nord), on compte soigneusement les morts et les blessés dans les prisonniers.

Le nombre des pièces de canon est également exact, à part qu'il s'agissait de vieux obusiers lisses, dont un démoli et les autres encloués.

Le nombre des chassepots peut être exact; il est vrai qu'ils n'avaient plus leur culasse mobile.

Le nombre des cartouches et des quintaux de poudre est manifestement exagéré.

Les gabions et fascines étaient ceux qui se trouvaient aux parapets. Enfin, les 10 bêtes à cornes se réduisent à 5..:

De son côté, le commandant Mazoyer me dit ce qui suit :

Pour ce qui concerne les prises faites par les Allemands, je croyais qu'il n'y avait que 5 obusiers.

Les munitions d'infanterie étaient nombreuses, mais entassées au fond de la dernière casemate construite en saillie sur les fossés, au sommet de l'escarpe.

Trente quintaux de poudre ! Je ne sais où ils pouvaient se trouver; le sous-chef artificier en avait un baril qui fut détruit; où était le dépôt et de quelle importance, je l'ignore. Peut-être dans le donjon, qui avait un grand souterrain, me dit Archer. Mais lorsque l'incendie se fut déclaré, l'accès du donjon était devenu impossible.

Il devait bien aussi y avoir une pompe, mais tout fut brûlé.

Les gabions et les fascines garnissaient les ouvrages; on venait, paraît-il, de dresser les palissades sur le chemin couvert à l'extérieur du fort !

Dix bêtes à corne ! je ne sais où elles pouvaient être, et pourquoi on aurait eu l'idée de les faire monter dans le fort. Comment les y nourrir et abreuver ? Il me semble cependant me rappeler qu'Archer me conta qu'un paysan avait voulu y mener sa vache pour l'empêcher d'être saisie par l'ennemi.

Un petit cheval arabe, amené par un tirailleur, fut brûlé et je me souviens que les hommes mangèrent une partie de sa chair.

Les Allemands ont dû prendre ce bétail dans le bourg, à un fournisseur militaire peut-être.

Les trois officiers étaient : Archer, sous-lieutenant au 96e, commandant du fort; Mazoyer, sous-lieutenant au 17e, et Brun, chef de musique au 18e d'infanterie.

B. Allemands.

1er chasseurs : 2 officiers, 14 troupe (5 T., 9 B.).
3e chasseurs : 8 troupe (2 T., 6 B.).
2e régiment : 19 troupe (4 T., 15 B.).
2e légion : 2 troupe (2 B.), 1 cheval.
3e légion : 1 troupe (1 T.), 2 chevaux.
6e lourde : 1 troupe (1 B.), 2 chevaux.

Total : 2 officiers, 45 troupe (12 T., 33 B.), 5 chevaux.

CHAPITRE XVIII

La captivité

Mémoire du sous-lieutenant Archer.

Le 11 août, à 8 heures, un bataillon de chasseurs wurtembergeois, partant pour rejoindre l'arrière-garde de l'armée qui se dirigeait sur Saverne et Phalsbourg, nous fûmes invités à le suivre, afin de nous rapprocher de Fenestrange, où se trouvait cantonné le grand quartier général.

A 4 heures de l'après-midi, après avoir marché sept heures par une pluie torrentielle, nous n'étions qu'aux deux tiers du chemin; il nous restait encore 14 kilomètres. On décida qu'on bivouaquerait pour la nuit, et que, le lendemain, une voiture nous conduirait à Fenestrange.

Mais, comme nous étions fermement résolus à ne pas supporter plus longtemps cette exhibition de nos personnes à travers les nombreuses troupes ennemies qui occupaient tous les villages que nous avions rencontrés sur notre route, j'insistai pour être conduit immédiatement auprès du commandant en chef, sauf à continuer la route à pied s'il n'était pas possible de trouver une voiture.

Le commandant du bataillon céda enfin à ma demande et, après quelques recherches dans les villages voisins, on put trouver un véhicule qui, en deux heures, nous transporta à Fenestrange, bien entendu sous l'escorte d'un officier. Ce dernier trajet fut encore plus douloureux que le précédent, car nous avions à traverser tout un corps d'armée qui formait l'arrière-garde de l'armée du Sud.

Quelques insultes de la part de soldats, peut-être ivres, nous donnèrent une idée des traitements qui allaient être exercés contre les prisonniers qui n'auraient pas, comme nous, un officier pour sauvegarde.

Ce dernier cherchait bien un peu à réprimer ces grossièretés; mais, comme la voiture allait bon train, les insulteurs n'y prenaient garde et continuaient à vociférer en montrant le poing à de malheureux vaincus qui, dédaignant ces provocations, surent conserver leur calme et leur sang-froid dans ces circonstances, les plus douloureuses qu'un militaire puisse traverser.

A la tombée de la nuit, au moment où nous débouchions sur un plateau assez élevé, un spectacle des plus douloureux s'offrit à nos regards : tout autour de nous, par toutes les communications, à travers bois et champs, débouchaient de nombreuses colonnes d'infanterie et de cavalerie, au sombre uniforme.

Si, un moment, nous avions pu espérer une diversion de nos autres corps d'armée disséminés sur la frontière, l'officier qui nous accompagnait se fit un secret plaisir de nous détromper en nous passant sa longue-vue, et nous enleva une illusion qui n'avait fait que traverser notre pensée.

Il n'y avait pas à s'y méprendre : c'étaient bien les masses profondes de l'armée d'invasion qui marchaient en avant, à la poursuite des malheureux débris du 1er corps, dont l'arrière-garde se trouvait à peine à une journée de marche des têtes de colonnes ennemies.

Que pouvions-nous espérer lorsque, sans combat, et sans même regarder en arrière, nous abandonnions les seuls défilés si faciles à défendre ? Les hauteurs des Vosges, couvertes d'épaisses forêts et coupées de profondes vallées, auraient pu arrêter la IIIe armée prussienne assez de temps pour permettre au gouvernement d'appeler sous les armes tout ce qui était en état de concourir à la défense de la patrie.

Enfin, vers les 9 heures, nous entrâmes dans la petite ville de Fenestrange et, quelques minutes après, nous étions présentés au Prince royal, qui était logé avec tout son état-major chez le pasteur protestant de la localité.

Après avoir répondu aux quelques questions insignifiantes que lui et les officiers de sa suite nous adressèrent, je lui soumis les conditions de la reddition qui avaient été arrêtées provisoirement avec le général wurtembergeois, et lui renouvelai celles que j'avais primitivement demandées, c'est-à-dire la liberté de rejoindre notre armée avec armes et bagages. Malgré le bon témoignage qu'il m'accorda de la résistance que nous avions opposée aux troupes qu'il avait chargées de nous réduire et l'insistance que j'apportai à obtenir une faveur qui pouvait nous permettre d'apporter notre concours à la défense du pays, je ne pus fléchir cette volonté bien arrêtée de n'accorder aucune faveur, si minime qu'elle fût, qui aurait pu nuire au succès de leurs armes.

Cependant, il nous autorisa (M. Mazoyer, M. Brun et moi), par écrit, à conserver, pendant toute la durée de notre captivité, nos armes avec nous, et à choisir, à notre gré, la résidence qui nous conviendrait le mieux, et où nous serions conduits avec nos hommes. Il accepta également une nouvelle clause, que je fis insérer dans le procès-verbal de reddition et par laquelle nos blessés, actuellement soignés à l'ambulance de Lichtenberg, seraient renvoyés dans leurs foyers, dès que l'état de leur santé pourrait permettre de les transporter. J'ai su plus tard que cette dernière condition n'avait jamais été mise à exécution, et qu'au fur et à mesure de leur rétablissement les blessés avaient été internés dans différentes villes d'Allemagne.

Il en a été de même, ainsi qu'on pourra le constater plus loin, de la clause concernant les prisonniers valides que nous devions rejoindre à Wissembourg, pour continuer avec eux notre triste voyage à Stuttgart, ville que nous avions choisie pour lieu de captivité.

Malgré plusieurs protestations écrites que j'ai adressées aux autorités allemandes, et dans lesquelles je faisais ressortir le peu de bonne foi qu'on avait employé à nos égards, surtout après une parole princière, on ne me fit que des réponses évasives, et je n'ai jamais pu savoir dans quelle partie de l'Allemagne les défenseurs de Lichtenberg avaient été internés...

Le lendemain, à 6 heures du matin, après avoir passé la nuit dans l'habitation de M. X..., dont je suis heureux de pouvoir signaler, en passant, la cordiale et sympathique hospitalité que lui et toute sa famille nous ont accordée, nous nous mîmes en route pour Reichshoffen, où nous devions prendre la voie ferrée qui conduit à Wissembourg par Haguenau.

Durant ce trajet d'une quarantaine de kilomètres, nous fîmes une courte halte à Ingwiller pour y visiter une ambulance renfermant une soixantaine de nos blessés.

A 4 heures de l'après-midi, nous arrivâmes à Reichshoffen, où nous devions séjourner un ou deux jours, en attendant qu'un train fût organisé pour transporter en Allemagne une centaine de soldats qui avaient été faits prisonniers dans les villages des environs de Frœschwiller, où ils s'étaient cachés n'ayant pu rejoindre leurs régiments le soir de la bataille.

Nous fûmes conduits au château du comte de Leusse, où était installé le major prussien chargé de la police de la ville, et une ambulance d'officiers français.

Quelques officiers du 1er corps, la plupart de l'administration et du service médical, attendaient également qu'il fût statué sur leur sort.

Le lendemain, dans la matinée, je visitai plusieurs ambulances installées dans des maisons particulières de la localité; j'y rencontrai quelques officiers de mon régiment, assez maltraités par leurs blessures dont quelques-unes nous laissaient peu d'espoir de guérison; entre autres, deux de mes bons camarades, qui moururent quelques heures après ma visite et que j'eus la douleur de faire inhumer en ma présence dans le cimetière de Reichshoffn.

A 5 heures du soir, le train était organisé; nous nous rendîmes à la gare, où je fus stupéfait de trouver 300 à 400 wagons, de la compagnie française, remplis de pain, sucre, café et autres denrées nécessaires à la subsistance de nos troupes.

Comment se fait-il que, dans l'après-midi du 6 août, alors qu'on pouvait prévoir qu'une retraite était le seul moyen d'éviter un grand désastre à un corps d'armée épuisé par dix heures d'efforts, personne n'ait songé à faire rétrograder sur Strasbourg une quantité aussi considérable de vivres de toutes sortes et qui sont restés en possession de l'ennemi?

Le chef de gare français, avec qui j'ai eu quelques instants d'entretien, m'a affirmé qu'il avait des locomotives chauffées toutes prêtes à être attelées et que, lorsqu'il s'est aperçu que nos troupes battaient en retraite, plusieurs généraux, à qui il s'est adressé concernant ce convoi, n'ont pas voulu assumer sur eux la responsabilité de sauver des provisions qui pouvaient nous être, d'un moment à l'autre, de la plus grande nécessité...

Deux heures après notre départ de Reichshoffen, nous descendions dans la gare de Haguenau, où un piquet nous attendait pour nous conduire dans l'intérieur de la ville, où nous fûmes reçus par plusieurs officiers prisonniers comme nous.

Le lendemain matin, nous fûmes très surpris d'apprendre par le gouverneur de la place que nous allions être dirigés sur Seltz (Bas-Rhin), où nous traverserions le pont de bateaux qui y avait été établi pour le passage d'un corps d'armée ennemi qui avait pris part à la bataille du 6.

Supposant une erreur de la part du gouverneur, je lui donnai connaissance des conditions de la reddition en lui faisant principalement remarquer l'article qui spécifiait que nous devions rejoindre nos hommes avant d'entrer en Allemagne. Mais, soit mauvaise volonté de sa part, soit par suite d'ordres récents émanés du quartier général, il ne voulut rien entendre, et le même jour, à 1 heure de l'après-midi, nous prenions la direction de Seltz, où nous devions passer la nuit.

Le lendemain, dans la matinée, nous traversions le Rhin, en compagnie de six officiers français qui venaient d'arriver avec un détachement de 200 prisonniers.

Nous entrions désormais sur la terre d'exil, laissant derrière nous notre chère patrie aux prises avec l'ennemi...

Nous étions encore sous le coup de la pénible émotion que ces tristes pensées avaient empreinte sur nos visages, lorsque nous entrâmes dans la gare de Rastadt, où une foule, plus curieuse qu'hostile, s'était donné rendez-vous.

Deux heures après, nous montions dans le train qui devait nous conduire dans l'intérieur de l'Allemagne et, en quelques instants, les montagnes des Vosges, que nous pouvions encore apercevoir, disparurent à l'horizon.

A Carlsruhe, nous fûmes séparés des compagnons de captivité qui nous avaient été adjoints à Seltz et, tandis qu'ils prenaient la route de Mayence, où ils devaient être internés, nous descendions vers le Sud et, à 11 heures du soir, nous arrivâmes à Stuttgart, que nous pensions être le terme de notre triste pèlerinage.

Notre séjour dans cette dernière ville fut de courte durée et, pour des raisons que je n'ai jamais pu connaître, quatre jours après notre arrivée, nous fûmes invités à nous rendre à Ulm. C'était bien la peine de nous offrir le choix de notre résidence en Allemagne...

A la suite de cet ordre, devant lequel nous n'avions qu'à nous incliner, nous prîmes la route d'Ulm, et, sept heures après notre départ, nous entrions dans cette ville, hérissée de forteresses, où nous espérions, enfin, goûter quelque tranquillité...

Pendant deux jours, nous fûmes logés dans une des citadelles de la ville, sans pouvoir en sortir, et ce n'est que le troisième jour que, sur ma demande, nous fûmes transférés dans une des casernes de l'intérieur, où on mit à notre disposition des logements d'officiers qui s'y trouvaient vacants.

Nous fûmes autorisés à circuler librement dans toute la ville, qui est divisée en deux parties : l'ancien Ulm, appartenant au Wurtemberg, et, séparé par un pont sur le Danube, le nouvel Ulm, appartenant à la Bavière. Cette dernière partie n'est qu'un faubourg assez peu conséquent, où avaient été internés 400 à 500 prisonniers de Frœschwiller, qui, dès leur arrivée, furent employés aux travaux des fortifications de la ville, moyennant une légère rétribution qui leur était allouée chaque jour et avec laquelle ils purent augmenter la nourriture insuffisante que le gouvernement prussien donnait aux prisonniers. Nous pûmes profiter de la liberté de circuler qui venait de nous être accordée pour aller réconforter, par notre présence, nos malheureux soldats, que les premiers désastres que l'armée venait d'essuyer et les mauvais traitements qu'ils avaient subis pendant une longue route avaient complètement abattus. Par notre intercession auprès de l'excellent major de la place (c'était M. le baron de Reichstadt, marié à une Française depuis plusieurs années, et qui a toujours montré la plus grande bienveillance pour les prisonniers qui étaient placés sous ses ordres. Le général prussien qui gouvernait la ville, s'étant aperçu de cette condescendance, quelque temps après il fut envoyé dans une autre garnison), nous pûmes obtenir une bonification à l'ordinaire des prisonniers et la permission aux sous-officiers de se promener dans l'intérieur de la ville pendant quatre heures par jour.

Nous visitâmes également plusieurs fois les deux hôpitaux militaires, qui renfermaient une centaine de blessés et malades français, auxquels nous fûmes heureux de procurer quelques adoucissements. Trois ou quatre de ces derniers moururent pendant mon court séjour à Ulm; mais nous eûmes toutefois la satisfaction de les voir enterrer avec tous les honneurs que nos ennemis décernent à leurs propres soldats.

Vers le 11 septembre, 10.000 prisonniers de Sedan arrivèrent à Ulm; ils furent campés sous la tente, à 2 kilomètres en dehors de la ville, sur les bords du Danube, en attendant la construction de baraques en planches. Il ne se trouvait aucun officier français parmi eux; nous fûmes donc chargés de leur installation, c'est-à-dire de leur servir d'interprètes auprès de l'autorité alemande, pour tous les besoins que nécessitait le triste état dans lequel ces malheureux étaient arrivés.

Au moment où je préparais un projet que je devais soumettre au gouverneur prussien, et dans lequel je demandais quelques soulagements pour nos pauvres soldats, je reçus la proposition d'un échange pour rentrer en France et à la suite de laquelle je pouvais reprendre du service dans une des armées actuellement en campagne.

Lettre reçue par Archer, à Ulm :

Mon lieutenant,

Les parents du lieutenant-colonel de Steiger, tombé devant Lichtenberg, ont exprimé le désir de connaître les circonstances détaillées précédant et suivant sa mort.

D'après la conversation que nous avons eue sur ce point, je sais que vous avez vu le commandant Steiger au feu; je vous serais donc bien obligé si vous vouliez bien me fournir tous les plus amples détails qui sont venus à votre connaissance, spécialement

si cet officier a été frappé par un boulet de canon ou par une balle
d'un de vos soldats

Veuillez recevoir d'avance, mon Lieutenant, tous mes remerciements, ainsi que l'assurance de mes sentiments distingués.

Baron DE ZOUWARTH.

(Ici un mot illisible.)

Stuttgart, le 22 août 1870.

Récit du commandant Mazoyer :

Archer avait bien fait stipuler qu'il serait interné dans la
même localité que ses hommes. Mais, dès le surlendemain,
Archer, Brun et moi fûmes séparés de nos hommes, malgré
nos protestations. On nous donna bien l'assurance que nous
serions réunis en captivité, mais cela n'eut pas lieu.

Nous prîmes place avec deux officiers, qui étaient munis
d'une excellente carte, dans une voiture réquisitionnée, et
fûmes emmenés à Fenestrange, au quartier général du Prince, qui, seul, pouvait ratifier la reddition... Je crois plutôt
que les Wurtembergeois tinrent à nous montrer !

Le Prince nous reçut avec courtoisie et, au milieu de son
état-major, nous adressa quelques mots polis. Il spécifia, au
bas de l'acte, que les officiers conserveraient leurs armes, et,
je crois aussi, qu'ils seraient internés dans la même ville
que leur troupe, clause qui ne fut pas observée.

Il occupait la principale auberge de la localité, dont l'hôte
eut compassion de notre malheur; il voulut qu'une bonne
chambre nous fût donnée, nous disant tout bas qu'il allait
s'arranger pour faire déloger ces Allemands qui avaient tout
pris.

Il nous conduisit lui-même dans une chambre occupée par
des officiers de l'état-major occupés à manger ou boire; ils
avaient laissé leurs armes et équipement sur des tables. J'en
fis l'observation à l'hôtelier, qui me dit :

« Couchez-vous de suite, et dormez. »

Des lits sommaires avaient été installés à terre. Avant de
me mettre au lit, je remarquai sur une table une carte géographique découpée dans une grande feuille et qui comprenait l'est de la France, le sud de la Belgique et les provinces
du Rhin. La France était teintée en vert pâle, excepté la
Lorraine allemande et l'Alsace, laissées en blanc avec la
mention des localités en allemand. Je m'en emparai et la
fourrai dans mon lit, puis soufflai la lumière. Au bout d'un
instant, survinrent les deux ou trois officiers allemands, jurant à qui mieux mieux, furieux d'être dérangés et bouscu-

lant leurs casques et leurs sabres; l'un d'eux cherchait la fameuse carte; tout en jurant, il criait :

« Carte, carte ! »

Enfin, ils n'osèrent pas nous réveiller et disparurent. Archer était fort mécontent de ce larcin; il craignait que je fusse découvert... Il n'en fut rien.

Je possède encore cette très curieuse carte, beaucoup plus curieuse que je ne m'en étais rendu compte sur le moment.

En effet, en faisant miroiter cette feuille, on voit encore fort bien, tracée au crayon, la marche des armées allemandes qui investirent Metz, et nous étions seulement au 11 août.

Mon séjour à Ulm a été fort mouvementé et, après avoir débuté par un internement au fort, j'ai fini ma captivité à la forteresse et n'ai été libéré qu'après le départ de tous les officiers français internés dans la place.

Malgré toutes mes recherches, poussées fort loin avec l'aimable appui de M. le colonel Chéré, il m'a été impossible de savoir où la garnison de Lichtenberg a été internée.

L'échange.

C'est avec un bonheur que ceux qui se sont trouvés dans notre position peuvent seuls comprendre et apprécier que je m'empressais d'accepter une proposition qui allait me rendre libre et me permettre d'apporter encore mon faible concours à la défense de la patrie. Le lendemain, dès la pointe du jour, je me séparai, non sans un serrement de cœur, de mes braves compagnons de captivité, avec lesquels j'aurais été bien heureux de partager ma bonne fortune après avoir couru ensemble les mêmes dangers et ressenti la même douleur.

Je repris la même route que nous avions prise pour nous rendre à Ulm, et, le soir à 6 heures, je descendais à Rastadt; une heure après, une voiture de place me conduisit à Seltz, où je pus prendre quelque nourriture chez le brave notaire de la localité, qui nous avait offert l'hospitalité lors de notre premier passage.

Le lendemain, à 10 heures du matin, j'arrivai à Mundolsheim (6 kilomètres de Strasbourg), quartier général du général Werder. J'appris par lui ce que, jusqu'à ce moment, j'avais encore ignoré, que l'échange projeté devait avoir lieu dans Strasbourg contre un de ses officiers, son parent, qui avait été pris dans une sortie de la garnison, à la suite d'une blessure très grave qui devait l'empêcher pour longtemps de reprendre du service actif.

L'échange qu'on m'offrait n'était guère avantageux, car, au dire de l'état-major prussien, la ville ne pouvait tenir plus de quinze jours au maximum. Malgré cet incident, qui pouvait me faire prévoir une nouvelle captivité, je n'hésitai pas un seul instant à accepter cet échange et je signai les pièces qui devaient être envoyées au général Uhrich, commandant la place assiégée.

Pendant ce temps, je fus conduit à Kœnisoff (Kœnigshoffen), petit village situé à 2 kilomètres 1/2 des fortifications, du côté de la porte Nationale, par où je devais entrer dans la ville.

Enfin, à 3 heures de l'après-midi, on fit cesser le feu de ce côté, et, les yeux bandés, accompagné d'un parlementaire prussien, je me dirigeai vers l'héroïque cité qui, depuis un mois, supportait avec une courageuse résignation un des plus terribles bombardements dont l'histoire ait fait mention.

Je fus reçu, à quelques pas des remparts, par le parlementaire français, et, après les compliments d'usage échangés avec l'officier badois qui, lui ausis, était heureux de rejoindre ses compagnons d'armes, je rentrai au milieu de ruines amoncelées sur mon passage, dans cette vieille capitale de l'Alsace, que j'avais laissée si florissante et si joyeuse il y avait à peine un mois et demi.

Dans l'ouvrage : *Fischbach*, cité aux sources, se trouve une aquarelle représentant l'échange du sous-lieutenant Archer contre le lieutenant von Versen. Cette aquarelle, d'ailleurs faite « de chic », est accompagnée d'un récit qui n'est autre que la reproduction de celui qu'on va lire ci-après :

Récit de l'échange par la députation suisse (le mardi 13 septembre 1870) :

Au moment où nous allions quitter le quartier général allemand pour nous rendre à Strasbourg, nous fûmes arrêtés par un incident : c'était l'arrivée au quartier général du sous-lieutenant Archer, Français, prisonnier de guerre, commandant la place de Lichtenberg, dans les Vosges, qu'il avait dû rendre aux Prussiens parce qu'elle était intenable. Il devait être échangé, devant les remparts de Strasbourg, contre un officier allemand blessé et prisonnier des Français, le lieutenant de Versen.

Il fut décidé que l'échange aurait lieu aussitôt que les pièces officielles seraient rédigées, par le parlementaire qui devait nous accompagner nous-mêmes, et, de notre côté, nous offrîmes une place dans notre voiture à l'officier français pour aller à Strasbourg et à l'officier allemand pour en revenir, ce qui fut accepté volontiers.

Il s'écoula assez longtemps avant que l'on eût fait taire toutes les batteries qui sillonnaient de leurs projectiles l'espace que nous avions à parcourir, et je trouvai lugubre le résonnement de la trompette du parlementaire au travers des ruines de Kœnigshoffen. Nous avions laissé l'officier français et la voiture en arrière, à Eckbolsheim; nous dûmes approcher assez près des fortifications avec l'officier allemand qui nous accompagnait, jusqu'à ce que nous eûmes rencontré une patrouille française commandée par un officier qui nous arrêta par ces mots :

« Que voulez-vous, messieurs ? »

Le parlementaire lui remit les papiers dont il était porteur; nous nous présentâmes comme les délégués suisses à Strasbourg, et, là-dessus, sans que nous eussions à attendre devant les remparts, comme nous l'avions craint, l'autorisation d'entrer dans la ville, nous fûmes conduits immédiatement.

L'heure du retour vint enfin et nous dûmes attendre près de la porte Nationale, souvent inquiétés par les obus dont plusieurs éclatèrent à une proximité peu rassurante, le prisonnier allemand qui devait être échangé; au bout d'une demi-heure, il arriva sur une voiture d'ambulance française fort bien disposée, car il était grièvement blessé. La porte principale s'ouvrit pour nous; l'appel de la trompette, le drapeau blanc parlementaire et celui de la Convention de Genève annoncèrent aux batteries allemandes notre sortie, et leur feu fut promptement arrêté.

Nous fîmes halte au premier avant-poste, pour que l'on fît venir d'Eckbolsheim M. Archer; dans l'intervalle s'entama la conversation la plus amicale entre les officiers français et allemands; ils échangeaient des cigares, et, à les entendre dire « Mon camarade », on oubliait presque complètement que l'on voyait là, en face les uns des autres, des ennemis acharnés. Enfin, arrive l'officier allemand chargé d'opérer l'échange.

Comme l'état du lieutenant de Versen ne lui permettait pas d'être transporté dans la voiture qui nous avait amenés, l'officier parlementaire français, le capitaine Farre, offrit à l'officier allemand, avec une courtoisie toute française, de prendre avec lui la voiture d'ambulance jusqu'au plus prochain hôpital allemand, ce qui fut accepté aussitôt avec remerciements.

Les deux soldats français qui la conduisaient firent place à deux Allemands et furent conduits, les yeux bandés, avec la voiture, jusqu'à ce qu'ils eussent dépassé les avant-postes allemands. A Kœnigshoffen, on leur rendit l'usage de leurs yeux, et on leur servit à boire et à manger, en attendant que leur char d'ambulance revînt de l'hôpital d'Eckbolsheim; puis ils furent, avec leur char, reconduits de nouveau, les yeux bandés, jusqu'aux avant-postes de la forteresse.

A Strasbourg.

Extrait d'une lettre adressée au ministre de la guerre par le sous-lieutenant Archer :

Je fus appelé devant le conseil de défense, présidé par M. le général Uhrich, qui commandait la place, afin d'y faire la relation des événements qui s'étaient passés devant le fort que je commandais.

CHAPITRE XIX

Le Conseil d'enquête

Versailles, le 10 octobre 1871.

Monsieur le Sous-Lieutenant, j'ai l'honneur de vous informer que, comme signataire de la capitulation de Lichtenberg, vous aurez à comparaître, en exécution de l'article 264 du décret du 13 octobre 1863, devant le conseil d'enquête institué par la décision de M. le Président de la République en date du 30 septembre dernier, et qui est composé de :

MM.

Le maréchal Baragn··z d'Hilliers, président;

Le général de division Charon;

Le général de division d'Aurelle de Paladines;

Le général de division d'Autemarre d'Erville;

Le général de division de Sévelinges.

Ce conseil siégera à Paris, au ministère de la guerre.

Je vous invite à vous tenir prêt à comparaître devant le conseil un jour qui vous sera désigné par M. le maréchal Baragney d'Hilliers, et à m'accuser réception de la présente.

Recevez, Monsieur le Sous-Lieutenant, l'assurance de ma considération.

Le ministre de la guerre,
Signé : Général DE CISSEY.

A M. Archer, sous-lieutenant au 96e, à Versailles.

Rapport sur le siège du fort de Lichtenberg.

Ulm, le 16 août 1870.

Monsieur le Ministre,

J'ai l'honneur de faire connaître ci-après à Votre Excellence les opérations militaires qui ont eu lieu pendant le siège du fort de Lichtenberg, attaqué par l'armée wurtembergeoise, le 9 août 1870.

Ma position de prisonnier de guerre m'obligeant à tenir une grande réserve, je ne puis entrer dans certains détails, qu'il ne me sera possible de faire connaître à Votre Excellence qu'après ma rentrée en France.

Depuis le 29 juillet dernier, j'occupais la petite forteresse de Lichtenberg, avec une section de ma compagnie (1re compagnie du 4ᵉ bataillon du 96ᵉ de ligne), composée de : 1 sergent, 4 caporaux, 1 tambour et 21 soldats; j'avais également sous mes ordres un détachement de 5 hommes du 5ᵉ d'artillerie, commandé par le maréchal des logis Fonvielle. Ce détachement, qui se trouvait au fort depuis le 22 juillet, était chargé, d'après les instructions qui lui avaient été données en partant de Strasbourg, d'établir des batteries pour le placement des sept vieilles pièces de canon dont la forteresse était armée. Je fis activement pousser les travaux en y employant tous les hommes valides de mon détachement; mais les circonstances précipitées qui se sont produites ne m'ont pas permis d'achever la défense du fort et j'ai été attaqué au moment où j'aurais pu, avec le renfort que les suites de la bataille de Frœschwiller m'ont amené, organiser une défense plus sérieuse que celle qu'il m'a été possible d'opposer à l'ennemi.

Dans la journée du 6 août, vers les 5 heures de l'après-midi, un certain nombre de fuyards, revenant du champ de bataille, se réfugièrent au fort. Pendant la nuit, il en arriva encore un grand nombre, parmi lesquels se trouvait un bataillon complet du 18ᵉ de ligne avec le drapeau de ce régiment, commandé par M. le chef de bataillon Lonjeau; je leur fis faire une distribution de biscuit, de viande et de cartouches, et, le lendemain matin, à 4 heures, ces troupes, composées d'hommes des différents régiments des 1ᵉʳ et 5ᵉ corps d'armée, se dirigèrent sur la Petite-Pierre, emmenées par M. le général de division Ducrot, qui avait passé la nuit au fort avec une partie de son état-major.

Les 7 et 8 août, 180 hommes environ vinrent encore se réfugier dans la place. Dans ce nombre se trouvaient plusieurs blessés et une quarantaine de militaires qui, dans la fuite, avaient perdu ou abandonné leurs armes. Pendant ces deux journées, je fis de mon mieux pour organiser ce renfort inattendu, dignement secondé par M. Mazoyer, sous-lieutenant au 17ᵉ, qui s'était arrêté au fort dans la soirée du 7 avec quelques hommes de sa compagnie, afin de les ravitailler et repartir ensuite rejoindre son régiment. Mon intention était de former, sous le commandement de cet officier, un détachement des hommes encore valides et armés qui m'étaient arrivés depuis le départ du général Ducrot, et de les diriger sur Saverne, où, m'avait-on dit, devait se concentrer le 1ᵉʳ corps. Mais il me fut impossible de mettre ce projet à exécution, par suite des reconnaissances que j'avais fait faire et qui me signalaient l'ennemi se dirigeant sur Saverne, la Petite-Pierre et Bitche, et occupant toutes les communications qui conduisent à ces trois places.

Dans la soirée du 8, plusieurs petites reconnaissances ennemies, venant de Rothbach, me furent signalées par des gardes forestiers. Dès ce moment, je me tins sur la défensive, m'attendant à être attaqué au plus tard le lendemain.

En effet, le 9, à 5 h. 1/2 du matin, l'avant-garde ennemie fut aperçue débouchant par la route de Rothbach à Lichtenberg, à 1 kilomètre au nord du fort. Les environs sont tellement boisés que la colonne d'attaque put arriver impunément jusque dans le village de Lichtenberg, s'en emparer et entourer la place par une forte ligne de tirailleurs qui avait pour abris de nombreux arbres fruitiers et les haies des jardins situés au pied des fortifications. Je recommandai à mes hommes, disséminés autour des parapets, de ne tirer que lorsque l'ennemi serait bien en vue, afin de ne pas brûler inutilement des cartouches.

A 6 h. 1/2, le commandant des troupes wurtembergeoises, chargé du siège, m'envoya la sommation suivante :

« La garnison de Lichtenberg est requise de se rendre, de déposer les armes. Les prisonniers seront bien traités.

Rothbach, le 9 août 1870.

Le commandant,

(Signature : Illisible.)

Je lui fis répondre immédiatement que s'il voulait le fort, il n'avait qu'à venir le prendre.

Dès ce moment, l'artillerie ennemie, que je n'avais pas encore aperçue, vint s'établir : une partie de l'autre côté du village, sur la route d'Ingwiller, et l'autre sur la route de Willeminau, et ouvrit aussitôt son feu. Je lui répondis avec les deux obusiers de 12 qui pouvaient tirer dans cette direction, mais dont les abris, seulement terminés de la veille, ne purent résister longtemps aux projectiles ennemis. Après avoir tiré quelques coups, ces deux pièces furent entièrement démontées, et le sous-chef artificier chargé de leur direction fut tué ainsi que les trois soldats que j'avais mis à sa disposition. A partir de ce moment, il devint impossible de se servir de l'artillerie et je fus obligé d'attendre que l'ennemi fût en vue et à une distance raisonnable pour tirailler avec efficacité.

Vers les 10 heures du matin, tous les bâtiments du fort étaient incendiés ou détruits; une partie des parapets enlevés par les boulets ne pouvaient plus servir d'abri aux hommes, qui furent obligés de se réfugier derrière les retranchements en terre destinés aux pièces de canon. Une petite casemate, où j'avais enfermé mes munitions et le biscuit de réserve, put recevoir les nombreux blessés que j'avais déjà, mais sans qu'il me fût possible de leur faire donner aucun soin, n'ayant ni médecin, ni même un seul morceau de linge pour opérer leur pansement, tout ayant été détruit par l'incendie qui remplissait le fort d'une fumée noire et épaisse.

Le feu ne discontinua pas jusqu'à 10 heures du soir, et l'ennemi, d'après le rapport du *Journal officiel* allemand, pouvait nous avoir lancé dans la journée environ 1.400 projectiles, qui n'ont laissé aucun bâtiment debout. Mes nombreux blessés réclamaient des soins urgents qu'il m'était impossible de leur faire donner dans le fort; les défenseurs n'étaient que faiblement protégés du feu de l'ennemi derrière des parapets à moitié détruits. Je jugeai donc que toute résistance était devenue inutile, à moins d'obtenir l'évacuation des blessés qui nécessitaient des soins immédiats. Cette demande m'ayant été refusée, je me défendis encore pendant quelques heures et, après m'être concerté avec M. Mazoyer, je demandai de nouveau à parlementer pour la reddition du fort. Les meilleures conditions que je pus soumettre en faveur de ma troupe ne furent pas acceptées et je fus contraint de passer par celles qui sont stipulées dans la capitulation dont une copie est ci-jointe, l'original ayant été envoyé avec mon premier rapport.

Les blessés furent immédiatement descendus du fort et transportés à l'ambulance établie dans le village de Lichtenberg, où les médecins wurtembergois leur prodiguèrent les soins les plus empressés, et dont je n'ai eu qu'à me louer pendant les vingt-quatre heures que nous avons passées dans le village. Les défenseurs sortirent du fort avec armes et bagages et furent désarmés dans le village; ceux encore valides furent dirigés sur le Wurtemberg, et M. Mazoyer, M. Brun (chef de musique au 18e) et moi avons été présentés à S. A. le Prince royal, commandant l'armée du Sud, qui nous envoya à Stuttgard pour y être mis à la disposition du ministre de la guerre, qui nous a fixé la ville d'Um pour résidence. Les blessés sont restés provisoirement à l'ambulance de Lichtenberg.

Pendant la défense du fort, nous avons eu 21 militaires tués et 42 assez dangereusement blessés, dont quelques-uns ont eu à subir l'amputation d'un membre; quelques hommes n'ont été atteints que par de légères contusions provenant d'éclats d'obus.

Quant aux pertes ennemies, elles peuvent être évaluées, d'après les renseignements que j'ai pu découvrir, à 90 militaires tués, dont 1 colonel, 1 chef de bataillon et 2 lieutenants. Les blessés sont au nombre de 16. Je me plais à signaler à Votre Excellence la belle conduite et le courage que chacun a montré pendant le siège; tous ont fait leur devoir, et quelques-uns même doivent être plus particulièrement signalés pour le sang-froid et l'abnégation dont ils ont fait preuve pendant le combat. La colonne d'observations de l'état ci-joint vous fera connaître ces noms.

Tels sont, Monsieur le Ministre, dans leur plus exacte vérité, les détails les plus circonstanciés que pour le moment il m'est impossible de donner à Votre Excellence, ce rapport, avant de lui être transmis, devant être soumis à M. le gouverneur d'Ulm.

J'ai l'honneur d'être, avec un profond respect, Monsieur le Ministre,

De Votre Excellence,

Le très obéissant et très dévoué serviteur.

Le Commandant du fort de Lichtenberg,
Signé : ARCHER.
Sous-lieutenant au 96ᵉ de ligne.

Rapport du conseil d'enquête sur la capitulation du fort de Lichtenberg.

14 octobre 1871.

Le fort de Lichtenberg, commandé par M. Archer, sous-lieutenant au 96ᵉ de ligne, a été attaqué par l'ennemi le 9 août 1870 et a capitulé le lendemain 10. Avant d'entrer dans l'examen des faits, il convient d'exposer sommairement quelle était la valeur de cette petite place et de ses moyens de défense.

Le fort de Lichtenberg, situé au milieu des forêts des Vosges, occupe le sommet d'un monticule dont son enceinte suit le contour naturel. Ses escarpes, presque entièrement taillées dans le roc vif, se présentent à nu sur des hauteurs de 18 à 20 mètres : elles ne se prêtent donc ni à l'escalade ni à l'ouverture d'une brèche. Mais l'enceinte n'offre qu'une faible capacité intérieure : environ 70 mètres de large sur 120 de long; ses parapets ont peu d'épaisseur. On y trouve quelques bâtiments pour logements et magasins, des citernes et deux magasins à poudre dont un seul offre un abri convenable contre le feu de l'ennemi; il peut contenir 6.000 kilos de poudre.

D'après l'avis des commissions d'armement des deux

comités de l'artillerie et des fortifications, l'armement devait être composé de 4 canons de 12 rayés de place et de 3 obusiers de 16. — Total : 7 bouches à feu.

Or, l'état indiquant la composition de l'armement au jour de l'attaque, fourni par M. le sous-lieutenant Archer, ne comprend que 4 canons de 12 léger (à âme lisse) et 3 obusiers de 15 léger.

Cet armement est notablement inférieur en puissance à celui qui aurait dû exister.

Il devait aussi être construit quatre traverses en parados pour abriter les pièces en batterie, d'après l'avis des comités émis en 1869.

Le fort de Lichtenberg était considéré comme un bon poste d'observation, pouvant servir de point d'appui à des petits corps de partisans et gênant, quoique d'un peu loin, les communications et surtout les convois de l'ennemi sur les routes existant entre Bitche, la Petite-Pierre et Ingwiller; mais on ne le jugeait pas apte à supporter un siège.

Telle est la petite place dont le commandement fut confié, le 29 juillet 1870, à M. Archer, sous-lieutenant au 96e de ligne, ayant sous ses ordres une section de sa compagnie comprenant 1 sergent et 25 caporaux ou soldats. Il disposait, en outre, d'un détachement de 5 hommes du 5e régiment d'artillerie, commandé par le maréchal des logis Fonvielle. Ce dernier détachement avait été envoyé dès le 22 juillet, afin de construire ou réparer les ouvrages en terre nécessaires pour couvrir les bouches à feu.

Le sous-lieutenant Archer s'efforça d'activer les travaux en y appliquant tous les hommes de son détachement d'infanterie; mais les outils lui faisaient défaut, dit-il.

D'après le rapport de M. le sous-lieutenant Archer, dans la soirée du 6 août et dans la nuit suivante, des fuyards du champ de bataille de Reichshoffen vinrent isolément se réfugier dans le fort. Il se présenta même un bataillon entier du 18e de ligne avec le drapeau du régiment. Le lendemain matin, cette troupe, à laquelle s'étaient ralliés beaucoup de fuyards appartenant à différents régiments des 1er et 5e corps, fut emmenée à la Petite-Pierre par M. le général Ducrot, qui avait passé la nuit au fort avec une partie de son état-major.

Les 7 et 8 août, les soldats isolés continuèrent à chercher un refuge dans le fort. Le nombre total de ces réfugiés dépassa 200; mais ils étaient sans organisation, sauf un détachement de 91 hommes du 17e de ligne, commandé par le sous-lieutenant Mazoyer, qui coopéra utilement à la défense sous la direction de cet officier.

Le 9 août, à 5 heures du matin, on aperçut l'ennemi débouchant par la route de Rothbach à Lichtenberg; son approche
avait été cachée par les bois jusqu'à la distance de 1.500 mètres de la place. La colonne se composait de plusieurs bataillons de chasseurs et de deux régiments wurtembergeois,
plus trois batteries d'artillerie. Elle pénétra inopinément
dans le village de Lichtenberg et entoura le fort d'une ligne
de tirailleurs embusqués dans les arbres fruitiers des jardins
qui bordent le pied du glacis. Le sous-lieutenant Archer
prescrivit à ses hommes de ne tirer que lorsque l'ennemi
serait bien en vue, afin de ménager ses cartouches.

A 6 h. 1/2, le commandant wurtembergeois envoya à la
place la sommation suivante :

« La garnison de Lichtenberg est requise de se rendre;
les prisonniers seront bien traités. »

Le sous-lieutenant Archer répondit immédiatement :

« Si vous voulez le fort, venez le prendre. »

Aussitôt l'artillerie ennemie alla s'établir à environ 1.500
mètres de la place, de l'autre côté du village et sur la route
de Rothbach.

Elle ouvrit son feu, auquel la place riposta avec ses canons
obusiers de 12 légers. Suivant M. Archer, ces pièces ne pouvaient atteindre les batteries adverses parce que leurs projectiles sphériques ne portaient qu'à 800 mètres au plus.
Cette assertion n'est fondée que sur une appréciation erro-
née des distances, car les canons obusiers de 12 portent efficacement à 1.200 et 1.400 mètres; mais ce qui est vrai, c'est
que, si l'armement avait compris, comme cela devait être,
des canons de 12 rayés de place, on aurait atteint les pièces
ennemies, fussent-elles au double de la distance indiquée.
L'ennemi aurait conservé toutefois l'avantage de sa grande
supériorité numérique en bouches à feu.

Deux pièces de la place furent démontées après avoir tiré
seulement quelques coups; un sous-chef artificier, qui les
dirigeait, fut tué ainsi que trois soldats sous ses ordres. A
partir de ce moment, le feu de l'artillerie cessa et le sous-
lieutenant Archer attendit que l'ennemi s'approchât pour
lui opposer un feu de mousqueterie. Vers 10 heures du
matin, tous les bâtiments du fort étaient incendiés ou détruits; les parapets, ouverts par les obus, n'offraient plus
d'abri aux hommes. Les blessés encombraient les locaux où
l'on tâchait de les remiser. Le feu continua jusqu'à 8 heures
du soir; l'ennemi avait lancé environ 1.500 projectiles qui
n'avaient laissé debout aucun bâtiment. Le sous-lieutenant
Archer jugea impossible de prolonger la résistance et le 10,
à 8 heures du matin (*sic*), il demanda à parlementer. Il pro-

posa des conditions favorables à sa troupe, qui ne furent pas acceptées, et il fut contraint de subir celles qui sont stipulées dans la capitulation ci-jointe. En résumé, le fort dût être rendu avec son matériel, la garnison fut déclarée prisonnière de guerre et dût rendre ses armes; les officiers conservèrent leurs épées et leurs effets personnels. Avant de se rendre, M. Archer avait eu soin de faire enclouer les cinq pièces qui restaient et de détruire ses munitions. Les soldats avaient, pour la plupart, brisé leurs armes.

Pendant la défense, la garnison eut 21 tués et 42 blessés, presque tous grièvement. D'après les renseignements recueillis, l'ennemi aurait eu 92 tués, dont 1 colonel, 1 chef de bataillon et 2 lieutenants; ses blessés seraient au nombre de 56.

Il résulte des faits qui précèdent que M. le sous-lieutenant Archer, chargé du commandement du fort de Lichtenberg, a fait tout ce qui lui était possible, avec des moyens insuffisants, pour mettre en état de défense la place qui lui était confiée; que, à la vérité, il a capitulé sans qu'une brèche ait été ouverte, opération que l'ennemi ne pouvait entreprendre contre un rocher, mais qu'il ne l'a fait qu'après avoir eu son artillerie en partie démontée, les parapets détruits, les bâtiments incendiés, les défenseurs mis en grand nombre hors de combat; qu'enfin il a eu la sage précaution d'enclouer les bouches à feu qui restaient et d'anéantir ses munitions. En conséquence, le sous-lieutenant Archer, du 96ᵉ de ligne, paraît avoir tenu une conduite intelligente et conforme à ses devoirs.

Le Général de division, membre du conseil, rapporteur,

Signé : DE SÉVELINGES.

Paris, 14 octobre 1871.

NOTA. — *Ce rapport contient quatre énormités :*

1° *Artillerie sur la route de Rothbach;*

2° *Reddition le 10 (au lieu du 9);*

3° *Effectif des hommes du 17ᵉ (91);*

4° *Pertes wurtembergeoises (92 tués, 56 blessés).*

Extrait du procès-verbal du conseil d'enquête
du 14 Octobre 1871.

Ouï le rapport;

Vu les pièces à l'appui;

Après en avoir délibéré,

Le conseil d'enquête est d'avis que l'article 255 du décret du 13 octobre 1863 n'était pas applicable au fort de *Lichtenberg;* car, par sa situation sur un rocher, l'ennemi n'aurait jamais pu y faire brèche; que le commandant du fort, M. Archer, sous-lieutenant au 96e d'infanterie, a fait tout ce qu'il était possible de faire dans la défense de la place; qu'avant la reddition, il a détruit l'artillerie, les munitions de guerre, enfin tout ce dont l'ennemi aurait pu profiter, soit pour se ravitailler, soit contre d'autres places; que, par l'incendie de tous les bâtiments de la place, le grand nombre de blessés qu'il ne pouvait soigner faute d'officiers de santé et d'abris, l'impossibilité de garantir les défenseurs du feu de l'ennemi, les parapets étant détruits, la résistance devenait impossible; que, par suite, le sous-lieutenant Archer a fait ce que le devoir exigeait.

Pour extrait conforme :

Le Président du conseil d'enquête,
Signé : Baraguey d'Hilliers.

Nota. — *Sur un extrait de ce procès-verbal, signé :*

« *Le Général chef d'état-major général du ministre,*

« Hartung »,

Je lis :

« *A fait tout ce que le devoir exigeait.* »

Camp de Saint-Germain-en-Laye, le 14 mai 1872.

Monsieur le Ministre,

Dans sa séance du 10 avril dernier, le conseil d'enquête chargé de l'examen des capitulations a décidé que son avis motivé sur la reddition de la place de Phalsbourg sera mentionné sur les états de services de M. le lieutenant-colonel Taillant et des officiers qui composaient, avec lui, le conseil de défense.

Le procès-verbal du conseil d'enquête sur la reddition du fort de Lichtenberg, dont j'ai été le signataire, constatant sur tous les points que j'avais fait tout ce que le devoir exigeait pour la défense de cette place, j'aurais l'honneur de vous prier, Monsieur le Ministre, de vouloir bien m'octroyer la même faveur qui a été accordée aux officiers ci-dessus, en m'autorisant à faire mentionner sur mes états de services l'avis du conseil d'enquête sur la défense de la petite forteresse de Lichtenberg.

J'ai l'honneur d'être, avec un profond respect, Monsieur le Ministre, votre très obéissant et très dévoué serviteur,

Archer,
Sous-lieutenant au 48ᵉ de ligne.

Mon cher Camarade,

Je vous envoie la note qui est parvenue à votre sujet et, si votre chef de corps ne vous l'a pas communiquée, c'est qu'elle porte à sa fin qu'elle vous sera notifiée directement par le ministère.

NOTE.

Le ministre écrit ce qui suit à la date du 7 juin :

« J'ai reçu la lettre que vous m'avez fait l'honneur de m'écrire le 21 mai dernier, à l'occasion de la demande que M. Archer, sous-lieutenant au 48ᵉ, ancien commandant de la place de Lichtenberg, vous avait prié de me transmettre à l'effet d'obtenir l'inscription sur ses états de services de l'avis du conseil d'enquête le concernant.

» Je m'empresse de vous informer qu'adoptant l'opinion exprimée dans cette lettre, j'ai décidé que l'avis émis par le conseil d'enquête, convoqué en exécution de l'article 264 du décret du 13 octobre 1863, en ce qui concerne chacun des officiers qui ont rendu à l'ennemi les places dont ils avaient le commandement, sera inscrit sur l'état de leurs services.

» Cette décision va être notifiée à M. le sous-lieutenant Archer en même temps qu'à tous les autres officiers qu'elle concerne. »

Veuillez agréer, mon cher Camarade, l'assurance de mes sentiments affectueux.

Signé : de Laval.

A porter sur les services de M. Archer la mention suivante :

« Le conseil d'enquête, dans sa séance du 14 octobre 1871,
a reconnu que M. Archer, sous-lieutenant au 96e de ligne,
commandant du fort de Lichtenberg pendant la guerre de
1870, a fait tout ce que le devoir exigeait avant sa reddition
à l'ennemi. »

Le Major,
(Signé : Illisible).

Etats de service de M. Archer.

Archer (Louis-Adrien), né le 7 mars 1842 à Sassenage
(Isère).
Profession de légiste.
Fils de Jean-Louis et de Marie Chaix.
Engagé volontaire le 15 juin 1860, à la mairie de Sasse-
nage, pour sept ans.
Taille : 1^m,58.
Visage ovale.
Front ordinaire.
Yeux gris.
Nez bien.
Bouche moyenne.
Menton rond.
Cheveux et sourcils châtain foncé.
Arrivé au corps (58e de ligne) le 29 juin 1860.
Immatriculé sous le n° 827, à Narbonne, le 30 juin 1860.
Rengagé le 15 mai 1867 pour sept ans.
Admis à un chevron et à la haute paie de 0 fr. 10 le 15 juin
1867.

Services dans le corps.

Fusilier le 29 juin 1860.
Voltigeur le 17 février 1861.
Caporal le 28 avril 1861.
Caporal de voltigeurs le 1er octobre 1861.
Sergent fourrier le 26 février 1862.
Sergent le 6 juillet 1863.
Sergent fourrier de voltigeurs le 16 février 1865.
Sergent de voltigeurs le 6 janvier 1866.
Sergent de 1re classe le 15 février 1868 (réorganisation).
Adjudant sous-officier le 26 mars 1868.
Sous-lieutenant le 7 août 1869, au 96e de ligne.

Campagnes.

Embarqué à Marseille le 1er février 1861.
Débarqué à Philippeville le 3 dudit.
En Afrique 1861, 1862, 1863.
Embarqué à Philippeville le 28 avril 1863, débarqué à Toulon le 30 dudit.

Détails complémentaires.

Lieutenant le 3 août 1872, Archer fut nommé capitaine le 13 février 1879.

Deux officiers qui l'ont connu, savoir le brave capitaine Duhem, qui s'est trouvé avec lui au 96e, et le commandant Flament, qui a servi sous ses ordres au 8e d'infanterie, ont conservé de cette belle figure militaire, au masque toutefois un peu émacié, un souvenir ineffaçable. Retraité en 1887, et nommé capitaine de réserve, le brave Archer a figuré pendant de longues années, à ce titre, au 140e à Grenoble.

Il est mort en mai 1905, à l'âge de 63 ans, à Grenoble. Il est enterré à Sassenage, son pays natal.

CHAPITRE XX

Epilogue et Conclusion

Une place ne peut rendre l'office qu'on attend d'elle que par la réunion des conditions ci-après :

1° La préparation;
2° La ténacité du commandant de place;
3° L'activité de son chef d'état-major;
4° Le dévouement des chefs de service;
5° La liaison des armes;
6° L'union de toutes les autorités;
7° L'esprit de la population;
8° La bonne attitude du conseil municipal.

1° Préparation.

Il semble superflu, aujourd'hui, de parler de préparation, mais en 1870 !... C'est surtout en matière de défense de places que la criminelle incurie du gouvernement impérial se montre le plus à nu et, pourtant, il est de bon ton de l'excuser aujourd'hui. Pour moi, la chose est tellement patente que je m'en voudrais d'insister; d'ailleurs, l'exemple du fort de Lichtenberg n'est-il pas là, probant? C'est affaire de doit et avoir et il suffit, pour être édifié, de comparer ce qu'il devait y avoir à Lichtenberg et ce qu'il y avait réellement.

2° Ténacité du commandant de place.

« La défense d'une place est l'occasion la plus favorable qui soit donnée à un officier de se distinguer », a dit le commandant Babouin, chargé de la

défense d'Abbeville en 1870. Je me suis permis d'ajouter, à propos de Péronne : Il faut seulement qu'il se fasse composer, à son usage, ce court bréviaire : « Je ne me rendrai pas » et à l'usage de ceux qui voudraient l'y inciter ou l'y contraindre, un cachet portant un mot célèbre.

Nulle autre situation ne se prête aussi bien à l'application de l'antique formule :

Impavidum ferient ruinæ !

Pour en revenir à Lichtenberg, combien de fois le brave Archer ne dut-il pas regretter de ne pas avoir attendu une demi-heure de plus avant d'entamer des pourparlers !

3° **Activité du chef d'état-major.**

Plus j'étudie la défense des places, plus la ténacité du commandant de place me paraît avoir comme complément indispensable l'activité de son chef d'état-major.

Et il ne s'agit pas ici de l'activité brouillonne, consistant à donner beaucoup de signatures P. O., qui a rendu célèbre le chef d'état-major de certaine grande place, mais de l'activité de bon aloi qui a fait la fortune militaire du commandant Hoche, chef d'état-major à Dunkerque en 1793.

4° **Dévouement des chefs de service.**

En 1870, le service de l'intendance, quoi qu'on dise, fit des prodiges en matière de ravitaillement, de même que le service de santé suppléa, à force de dévouement, à une préparation quasi nulle.

Je ne parlerai donc que des états-majors particuliers : des places, de l'artillerie et du génie.

Ici, l'on n'a que l'embarras du choix, soit qu'on veuille flétrir leur dédaigneuse indépendance et la systématique obstruction qui en était l'humaine conséquence, ou ridiculiser leurs monumentales âneries, auxquelles nos jeunes officiers ne peuvent croire : je leur en présente pourtant quelquefois de jolis spécimens, tels le commandant de place de Landrecies et le commandant de l'artillerie à Péronne, pour ne citer que ceux-là !

Que serait-ce si j'abordais la question de la coopération de la marine? Alors que nos places du Nord étaient absolument démunies d'artillerie, le général Bourbaki ne put obtenir qu'à grand'peine, et grâce à son grand nom, le prélèvement d'une cinquantaine d'obusiers de 30 sur le millier de pièces qui jonchaient les quais des arsenaux de Cherbourg, Brest, Lorient et Rochefort, pour ne parler que de ceux de l'Atlantique.

Pour montrer ce qui peut être fait dans cet ordre d'idées et pour prouver, s'il en était besoin, que je n'ai aucun parti pris, je tiens à citer une glorieuse exception; seulement elle remonte au siège de Dunkerque en 1793, et je demande la permission de reproduire ici ce que je dis à ce sujet dans Hondschoote :

La marine se donna tout entière, sans réserve. Je crois que le fait vaut la peine d'être signalé. Il est tout à l'honneur de l'ordonnateur civil, M. Toustain, et du ministre de la marine d'alors, qui approuva toutes les mesures prises par ce fonctionnaire digne d'admiration et surtout d'imitation.

Qu'il me soit permis aussi, pour terminer ce paragraphe, de rappeler ici un souvenir d'enfance :

J'ai présente à la mémoire la comédie du changement des canons auquel il a été fait allusion au cours de cette étude; mais ce que le pasteur Spach ne dit pas, c'est que des farceurs « pour qui rien n'est respectable », des méfiants plutôt, eurent l'idée de faire des marques sur les vieux canons (qu'un détachement d'artillerie, que je vois encore, emmenait), ou même d'y fourrer des numéros du Courrier du Bas-Rhin. Quel triomphe, lorsque, quelques mois plus tard, ils purent montrer que c'étaient les mêmes canons qui revenaient! Mais quelle désillusion pour les autres, les ardents, les croyants, j'allais dire : les naïfs !

5° Liaison des armes.

En 1870, dans les places surtout (et le mal ici est une conséquence de celui qui a été signalé ci-dessus), les différentes armes étaient aussi étrangères (j'allais dire hostiles) l'une à l'autre, que si l'une avait été composée de Français et l'autre de Prussiens : il ne faut plus que cela se représente !

6° Union des autorités.

Ici encore, il faut citer le siège de Dunkerque, en 1793, où toutes les autorités donnèrent à plein collier dans le sens de la résistance.

7° Bon esprit de la population.

Pour se rendre compte de l'esprit de la population d'une place assiégée, il est une série d'indices qui sont :

a) L'ardeur à renseigner l'autorité militaire;
b) Les offres de service, les dons de toutes sortes;
c) L'assistance aux blessés;
d) La pression exercée sur les autorités dans un sens ou dans l'autre;

e) La bonne volonté à se prêter aux sacrifices, destructions, etc.;

f) La constance à subir les privations;

g) Le courage à supporter les dangers;

h) L'attitude de la garde nationale (des mobilisés, des territoriaux).

Dans cet ordre d'idées, la population de Paris fit merveille en 1870 :

« Ah ! c'est toi, Trochu, dit un jour une vieille femme au loquace gouverneur; eh bien, continue ! »

8° Bonne attitude du conseil municipal.

Alors que les procès-verbaux du conseil municipal de Dunkerque en 1793, sont des modèles de sens pratique, de dévouement à la chose publique et de patriotisme éclairé, les municipalités de 1870 eurent une influence souvent prépondérante dans la chute de nos petites places.

CONCLUSION

Ce serait ici le lieu d'examiner si le général Ducrot a fait ce qu'il devait, dans les conditions anormales où il se trouvait à Lichtenberg. Si je partage entièrement l'avis du général Palat en ce qui concerne le rôle du général Ducrot à Paris, nul plus que moi n'admire sa conduite tactique à Frœschwiller et ne prône sa clairvoyance à Sedan. Mais, à Lichtenberg ?... Ancien commandant de la division de Strasbourg, il connaissait parfaitement, par ses tournées (et c'est encore une justice à lui rendre), la situation du petit fort, qu'il retrouvait non armé, sans vivres, sans service médical. C'est en toute connaissance de cause qu'il avait pris sur lui de donner des ordres pour toucher à l'approvisionnement de cartouches et de biscuit, chose pourtant défendue par le service des places. Il lui appartenait, à plus forte raison, de prendre sur lui, soit de prescrire d'évacuer le fort (ce que le sergent-major Beltz fit de son initiative à la Petite-Pierre), soit de lui laisser quelques moyens.

Nous avons vu, au contraire, qu'à la demande de secours et de conseils du sous-lieutenant Archer, il s'est borné à répondre :

« Votre situation est difficile, mais votre devoir est tracé. »

Ça, c'est une jolie pirouette, qu'on me permette l'expression. Il imitait d'ailleurs en cela le général Uhrich, qui répondait par des calembredaines aux lettres très sensées que lui envoyait le pauvre sous-lieutenant placé dans une situation inextricable !

Pour en revenir à la défense pure, c'est l'oubli de toutes les conditions précédemment énoncées qui nous a valu la perte de l'Alsace, ce joyau des provinces, de Lichtenberg, cette perle des Vosges.

Et c'est vraiment dommage, ou, comme disent les paysans de là-bas :

« Es èsch Schade, so à schen Schlessel ! »
Souvenons-nous-en !

Lieutenant-colonel Camille Lévi.

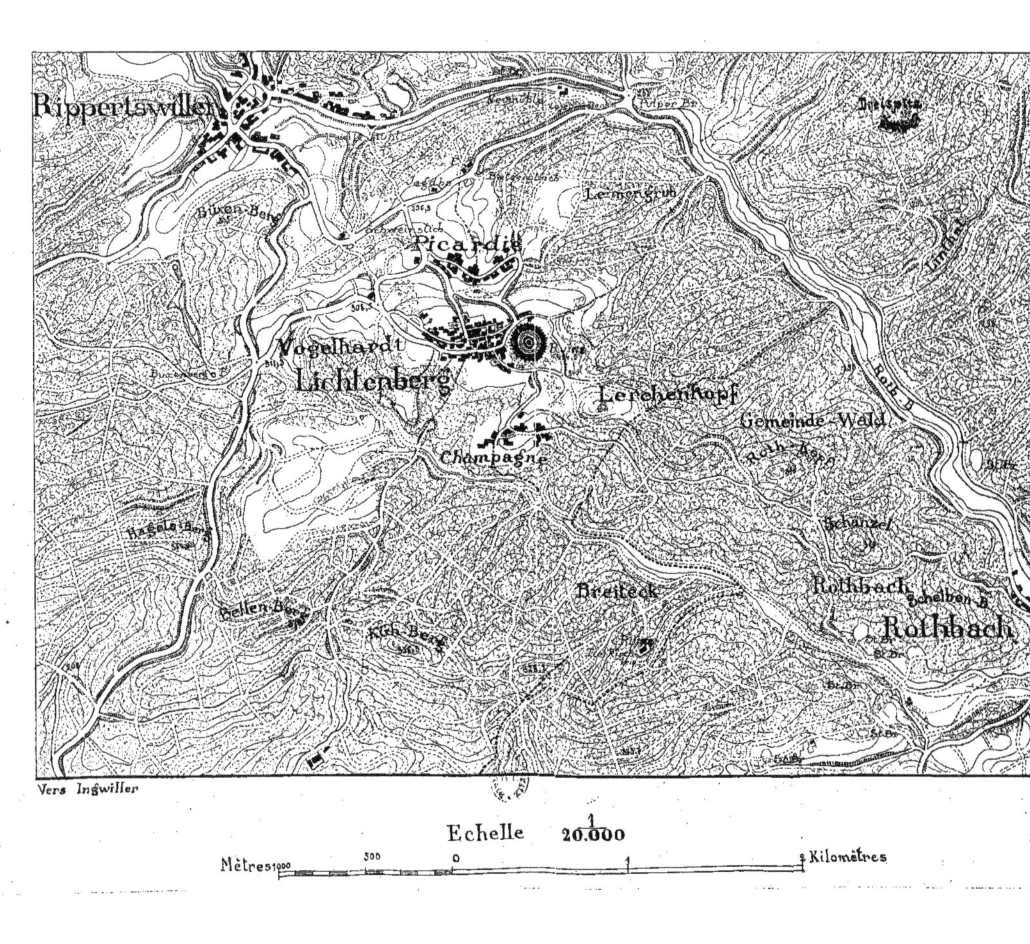

Echelle 20.000

Mètres 1000   500   0   1   Kilomètres

LISTE DES SOURCES

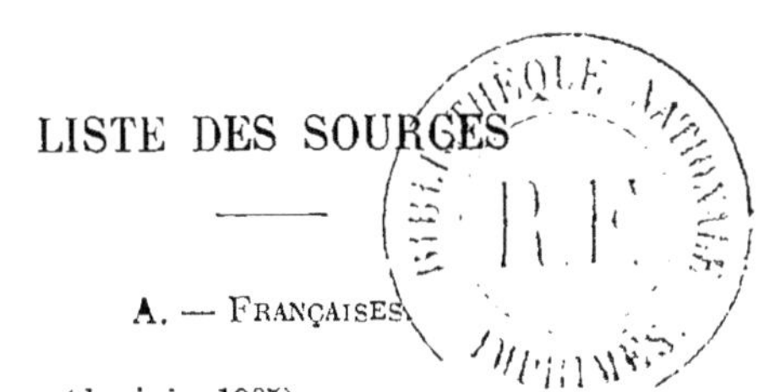

Annales militaires (de juin 1905).

Annuaires nombreux du département du Bas-Rhin.

Archer, sous-lieutenant. — Rapports et mémoire.

Archives historiques (dossiers divers).

Archives administratives (dossiers divers).

Archives de Saint-Thomas-d'Aquin.

Archives de la section technique du génie.

Ardouin-Dumazet. — *Voyage en France.*

Bagnol. — *Dictionnaire géographique, historique et statistique.*

Baye (de). — *Campagne de M. le maréchal de Créquy.*

Bloch (A.), de Lichtenberg. — *Souvenirs.*

Blum (Henri), d'Ingwiller. — Documents divers.

Bonnet, capitaine au 47ᵉ territorial. — Nombreux documents.

Bulletin monumental et historique d'Alsace.

Carlet de la Rozière. — *Campagne de M. le maréchal de Créquy.*

Chuquet. — *L'Alsace en 1814.*

Claemmer (Charles), d'Ingwiller. — Documents divers.

Clauss (Abbé). — *Historisch topograph. Lexicon des Elsass.*

Colin (Capitaine). — *Campagne de 1793 en Alsace et dans le Palatinat.*

Correspondance de l'armée du Rhin (1792-1793).

Courrier du Bas-Rhin. (Numéro d'août à octobre 1870.)

+Delmas. — *De Frœschwiller à Paris.*

Etats de services (divers).

Fischbach (Gustave). — *Le siège de Strasbourg.*

Ganier et Frœlich. — *Voyage aux châteaux historiques des Vosges.*

Gasser, directeur de la *Revue d'Alsace.* — Renseignements divers.

Grandidier. — *Histoire de l'Eglise d'Alsace.*

Gruss, curé d'Ingwiller. — Liste des soldats enterrés à Ingwiller.

Guth, curé de Lichtenberg. — Renseignements divers.

Hallez Claparède. — *Réunion de l'Alsace à la France.*

Historiques : 13ᵉ chasseurs à pied, 17ᵉ, 18ᵉ, 95ᵉ, 96ᵉ de ligne; 2ᵉ tirailleurs; 2ᵉ, 5ᵉ d'artillerie.

Hollender (Commandant). — *Le siège de Phalsbourg.*

Jeancourt. — *Crac ! Pchtcht ! Baounhd !* (20ᵉ léger).

Journal de Genève (numéros de septembre et octobre 1870).

KENTZINGER. — *Strasbourg et l'Alsace.*

KLEIN. — *Album de Niederbronn et de ses environs.*

KUMMER (D'), d'Ingwiller. — Nombreux documents.

LAGUILLE. — *Histoire de la province d'Alsace.*

LEGRELLE. — *Louis XIV et Strasbourg.*

LE ROY DE SAINTE-CROIX. — *L'Alsace en fête.*

LÉVI (Lieutenant-colonel). — *Le maréchal Clarke; Après Frœsch-willer.*

MAZOYER (Commandant). — *Souvenirs.*

Mémoires historiques, dont plusieurs inédits (divers).

Mémoires topographiques et statistiques (divers).

Mémoires du maréchal Gouvion-Saint-Cyr.

Moniteur universel, imprimé à Tours.

Petit Parisien du 13 août 1904.

Rapport officiel du conseil d'enquête.

Registres de correspondance de la 6ᵉ division militaire.

REIBER. — *Bibliothèque alsatique.*

REUSS. — *L'Alsace au XVIIᵉ siècle.*

Revue d'histoire, septembre à novembre 1902.

ROTHMULLER. — *Vues pittoresques d'Alsace.*

SAUTAI (Capitaine). — *Les Frézeau de la Frézelière.*

SCHŒPFLIN. — *Alsatia illustrata*, tomes 4 et 5.

Situations de la 6ᵉ division militaire.

SPACH (Pasteur). — *Le comté de Hanau-Lichtenberg.*

STROBEL. — *Geschichte des Elsasses.*

Un passant. — *Lichtenberg, La Petite-Pierre, Phalsbourg.*

WAGNER. — *Les ruines des Vosges.*

B. — ÉTRANGÈRES.

DOMMERICH. — *Urkundliche Geschichte der Grafschaft Hanau vonder Mitte des 13, Jahrhunderts bis 1736* (Hanau 1860, in-8', 164 pages).

GOETZE. — *Die Thätigkeit der deutschen Ingenieure.*

Grand état-major. — Fascicule 4.

HENRICO Y CORNELIO VERDUSSEN. — *Histoire de l'empereur Léopold Iᵉʳ* (Anvers, 1716, 3 volumes).

KIEFFER. — *Pfarrbuch der Grafschaft Hanau-Lichtenberg, nach. Urkunden* (Strasbourg, 1890).

Kriegsarchiv (de Vienne). — Relevés divers.

KUNZ. — *Die Thätigkeit der deutschen Jäger bataillone.*

LEHMANN. — *Urkundliche geschichte der grafschaft, H.-L.* (Manheim, 1862, 2 volumes in-8°).

LEHMANN. — *Steuern, Abgaben und Gefälle in der chemaligen grafschaft H.-L.* (Strasbourg, Noircel, 1991, in-8°).

Merian. — *Description de l'Alsace.*

Rathgeber. — *Die grafschaft H-L* (Strasbourg, 1876, Fischbach, in-12 de 273 pages).

Rathgeber. — *Der letzte deutsche Fürst von H-L* (Strasbourg, 1890, in-16 [sic]).

Regimentsgeschichten. — Divers (wurtembergeois).

Reisseissen. — *Mémorial.*

Schmelz. — *Lichtenberg im Elsass und Umgegend* (Strasbourg, Le Roux, 1893, in-24 [sic]).

Schmid. — *Die Kämpfe im Elsass im Jahre, 1870.*

Spach (Pasteur). — *Wie Schloss Lichtenberg zur Ruine wurde.*

Tiedemann. — *Der Festungskrieg.*

Wille. — *Die letzten grafen von H-L* (Hanau, Alberti, 1886, in-8°).

X... — *Ein hübscher Erinnerungstag für die Königl. würt. 3. Infanterie brigade.*

Paris et Limoges. — Imp. et libr. milit. Henri Charles-Lavauzelle.

www.ingramcontent.com/pod-product-compliance
Ingram Content Group UK Ltd.
Pitfield, Milton Keynes, MK11 3LW, UK
UKHW021209140726
13695UKWH00002B/434